Psicología oscura y *gaslighting*

Una mirada profunda a las relaciones, la autoestima y la manipulación

Relove Psychology

ÍNDICE

Introducción

Todo ser humano tiene un lado oscuro. Seas consciente de ello o no, cada día estás sometido a innumerables manipulaciones. Dicho esto, puede resultar difícil reconocer estas influencias negativas. Y es que, de hecho, mientras que algunas son audaces y obvias, otras son algo más sutiles y tortuosas.

Como tal, tú puedes ser potencialmente un objetivo sin siquiera saber que te has convertido en la víctima prevista del deseo, la codicia o algo peor de alguien. Independientemente de quién seas, a qué te dediques o dónde vivas, no estás a salvo. Las mentiras y la lucha por el control prevalecen en todos los ámbitos de la vida, así como en todos los países, ciudades y barrios. Incluso las interacciones casuales pueden albergar una capa de trama insidiosa.

Esto no se menciona para alarmarte, sino para prepararte. Aunque se pueda intentar luchar contra algo que no se comprenda, estas batallas no suelen acabar en victoria. De hecho, intentar resolver cuestiones que no comprendes puede dejarte confuso e inseguro. Peor aún, puedes hacerte vulnerable a más peligros mentales que antes. El conocimiento es tu mejor arma contra estas amenazas.

No contrarrestar las manipulaciones de los demás puede llevar a una espiral descendente en tu vida plagada de ansiedad, dudas sobre ti mismo, depresión y mucho más. Además, en el peor de los casos, no terminará ahí. Todas las espirales tienen un nivel más bajo, que es donde pueden encontrarse las autolesiones, las tendencias abusivas e incluso el suicidio, así como el homicidio. No dejes que las cosas avancen hasta ese punto, ya que cuanto más abajo estés en la espiral, más difícil será salir de ella. Afortunadamente, existen muchos métodos que puedes utilizar para protegerte a ti mismo y a tus seres queridos.

La mejor manera de enfrentarse a este tipo de ataques mentales es evitar que se produzcan. Para ello, primero hay que ser capaz de reconocer las señales que anuncian estas amenazas. También es necesario comprender a las personas que intentan manipularte, ya que conocer sus motivos puede ayudarte a distanciarte de ellas. Cuando desarrolles métodos preventivos saludables, te resultará cada vez más fácil ver venir los problemas y mantenerte alejado de ellos.

Por desgracia, también hay ocasiones en las que descubrirás los motivos manipuladores de alguien demasiado tarde para evitar convertirte en víctima. En situaciones así, no puedes tomar medidas preventivas. En lugar de eso, tienes que liberarte del control que alguien ejerce sobre ti. Esto no será fácil en la mayoría de los casos, pero recuerda, está lejos de ser imposible. Empieza por identificar el problema y encuentra su origen. A partir de ahí, aprenderás a alejarte de los problemas. Con el tiempo, podrás cortar los lazos que te atan. Siempre hay una salida, solo tienes que seguir buscando hasta encontrarla.

Una parte importante para prevenir la manipulación y liberarse de ella es comprender por qué algunas personas desean engañarte, darte luz de gas y seducirte. Todos los seres humanos de este planeta tienen un lado bueno, un lado malo y un lado feo. Dependiendo de las circunstancias, alguna o todas las facetas de un manipulador pueden entrar en juego en tu contra.

Tanto si sufres manipulación externa como interna, o ambas, tus relaciones siempre se verán afectadas por la negatividad. Estos escenarios crearán diversos niveles de problemas de confianza que, a su vez, suelen desembocar en conflictos. Independientemente del tipo de relación, el hecho de que te conviertas en una versión más oscura de ti mismo siempre les afecta. Puede resultarte difícil hacer y mantener amigos o formar parte de una conexión romántica. Incluso tus relaciones profesionales pueden resentirse.

Es más, tu autoestima disminuye inevitablemente cuando eres objeto de presiones perjudiciales. La baja autoestima no solo te dificulta librarte de la explotación, sino también reconocerla. Cuando estás deprimido, puedes sentir que te mereces lo que te está ocurriendo. Independientemente de los motivos por los que te encuentres en este estado de ánimo, nadie -ni siquiera tú mismo- tienes derecho a hacerte daño.

También hay que mencionar que a veces las amenazas vienen de dentro. Tus pensamientos y acciones pueden influir negativamente en tu vida si tienes una perspectiva poco saludable. Podría decirse que esto es más difícil de superar que las influencias externas. Para hacer frente a la automanipulación, primero hay que hacer examen de conciencia y enfrentarse a tus peores rasgos. Para ello, tendrás que hacerte preguntas difíciles e indagar en tus traumas pasados. El estrés acumulado y los malos hábitos cognitivos pueden llevarte a un lugar oscuro. Solamente si te enfrentas a tu pasado podrás exorcizar tus demonios internos y liberarte de la confusión interior.

Nuestro equipo de expertos de Relove Psychology ha reunido muchos métodos para evitar, escapar y contrarrestar los intentos de controlarte. ¡Te ayudaremos a descubrir el verdadero poder del autocuidado! Gracias a nuestra especialización en la recuperación de traumas, hemos desarrollado una serie de servicios terapéuticos, consejos y soluciones que han ayudado a innumerables personas como tú. Damos prioridad a tu salud mental y trabajamos duro cada día para encontrar las mejores soluciones posibles para ti. Ahora, en forma de libro, llegaremos a más gente que nunca para crear un mundo con menos odio y sufrimiento.

Las tácticas que se exponen en este libro te proporcionarán las armas que necesitas para combatir y vencer las amenazas de una forma que deje a todos ilesos. En pocas palabras, te enseñaremos a combatir el fuego con agua en lugar de añadir más llamas a la pira de la negatividad. No solo recibirás técnicas útiles, sino también instrucciones sobre cómo aplicarlas a tu vida, sea cual sea tu situación.

Utilizando lo que te enseñamos en este libro, podrás cambiarte a ti mismo y al mundo que te rodea. Prevenir y superar traumas y tragedias te ayuda tanto a ti como a los demás. En un mundo lleno de odio y demonios hambrientos de control, depende de ti hacer un cambio a mejor. Abre los ojos a la realidad de los engaños que juegan un papel en la psique humana. Es hora de tomar las riendas de tu vida.

Capítulo 1: Protegerse

En cualquier situación, evitar los problemas es una forma mucho más eficaz de afrontar las dificultades que intentar resolverlas. La mejor manera de reconocer las amenazas es analizar sus posibles fuentes. La mayoría de las veces, las fuentes de esas preocupaciones son otras personas. Hay cosas clave en las que fijarse cuando se investigan posibles problemas.

Existe un cuarteto de tipos oscuros de personalidad de los que debes desconfiar especialmente en todos los escenarios. Se trata de personas que muestran signos de narcisismo, psicopatía, maquiavelismo y sadismo. Estos rasgos llevan a los individuos de la Tétrada Oscura a poner sus intereses por encima de los tuyos a cualquier precio.

Una vez que identifiques los posibles orígenes de los peligros emocionales y mentales, podrás impedir que hundan sus garras en ti. Hay múltiples maneras de hacerlo, que pueden permitir a cualquiera protegerse eficazmente. Tienes que elegir el método más adecuado para ti en función de tu personalidad y de la situación en la que te encuentres.

Cómo analizar a las personas

Tratar simplemente de adivinar lo que alguien está pensando no te será de mucha ayuda. Para mirar realmente dentro de la mente de un ser humano, debes utilizar métodos que hayan sido probados y comprobados. El FBI, cuyo trabajo consiste en identificar criminales y otros individuos dañinos, cuenta con una serie de técnicas que utiliza para diseccionar a los sospechosos. Aunque no sea el único grupo oficial que realiza este tipo de tareas, es uno de los más frecuentes y eficaces. Por lo tanto, puedes utilizar sus técnicas como base para tus procedimientos analíticos.

Un buen punto de partida sería averiguar cuál es el comportamiento normal de una persona. Para ello, hay que fijarse en sus gestos y su forma de hablar. Todo el mundo hace gestos inconscientemente, como crujirse los nudillos o arreglarse el pelo. Una vez que aprendas cuáles son los gestos habituales de una persona, podrás identificar más fácilmente cuándo empieza a hacer gestos que no son normales en ella. Cuando una persona empieza a comportarse de forma distinta a la habitual, es señal de que le ocurre algo. No siempre es motivo de preocupación, pero puede serlo.

Puedes obtener más información sin enfrentarte directamente a nadie. De hecho, siempre es mejor evitar que una persona sepa que has identificado sus gestos habituales, ya que esto puede hacer que enmascare activamente sus movimientos para despistarte. Es posible descubrir los gestos habituales de alguien mencionando casualmente cosas que tengan que ver con sus intereses. En ese momento, sus gestos se parecerán a cómo actúan cuando intentan obtener algo de ti. El deseo es deseo, independientemente de cómo se manifieste.

Toma nota de muchos de esos gestos para elaborar un perfil mental del comportamiento de alguien. No es necesario tomar notas detalladas, basta con prestar atención a cómo reacciona una persona en diversas situaciones normales. Cuantos más gestos puedas identificar, más fácil te resultará detectar cambios.

Las acciones opuestas en situaciones comunes pueden ser la primera señal de preocupación. Especialmente si estos diversos rasgos se manifiestan cuando esta persona está interactuando contigo. Un aspecto clave al que hay que prestar atención es si los gestos de alguien cuando habla contigo son similares a los que hace cuando quiere algo. Un ejemplo sería si la persona en cuestión muestra los mismos gestos que cuando tiene hambre o sed. Estos impulsos biológicos están arraigados en todos los seres humanos y, a menudo, surgen de forma subconsciente.

Los seres humanos tienden a reflejar reflexivamente el lenguaje corporal de quienes les rodean. Se trata de un rasgo social por el que todos los humanos evolucionamos cuando interactuamos con un grupo al que sentimos que pertenecemos. Este nivel básico de empatía puede apreciarse fácilmente al interactuar con un amigo o un familiar que se preocupa por ti. Sin embargo, lo contrario también es cierto. Aquellos a los que no les caes bien no reflejarán tus gestos. Por eso, puedes utilizar tus gestos para comprobar si le importas o no a alguien. Si una persona no imita tus gestos en varias situaciones distintas, es señal de que no se relaciona contigo ni le caes bien.

Aunque la confianza sea un rasgo positivo en muchas situaciones, también puede ser un indicio de una amenaza potencial. La mayoría de las veces, las personas que intentarán manipularte tendrán personalidades fuertes. No debes juzgar a alguien únicamente por su confianza; sin embargo, el orgullo siempre viene antes de la caída. Además, recuerda que las personas ruidosas no siempre son seguras de sí mismas. Puede que utilicen su volumen para compensar sus inseguridades. Hay personas tanto ruidosas como tranquilas y seguras de sí mismas a las que deberías tener en cuenta.

Los patrones de habla de las personas son otra cosa que puede darte una idea de sus mentes y motivos. Incluso las personas con el vocabulario más extenso prefieren unas palabras y frases a otras. Tomando nota de la dicción preferida de una persona, puedes averiguar lo que piensa. Las palabras agresivas en situaciones no agresivas pueden revelar la intención hostil secreta de una persona, mientras que los términos depresivos pueden indicar lo contrario.

Hablar por hablar es una cosa, pero también lo es caminar. Cómo se mueve una persona -su forma de andar- también puede ser una buena forma de analizarla. Los que caminan con la espalda recta y pasos largos suelen ser personas seguras de sí mismas. En cambio, las personas que se encorvan y arrastran los pies suelen carecer de confianza. Utiliza este tipo de observación junto con las demás mencionadas hasta ahora para hacerte una idea clara de la personalidad de una persona.

Personalidades de la Tétrada Oscura

Las personalidades de la Tétrada Oscura (a veces denominada Tríada Oscura cuando no se incluye el sadismo) son el narcisismo, la psicopatía, el maquiavelismo y el sadismo. Estos tipos de personalidades se denominan "oscuras" porque poseen cualidades que pueden ser perjudiciales para los demás en la mayoría de las situaciones. Aunque cada tipo sea distinto, existe cierto solapamiento entre ellos. Los psicólogos han descubierto a través de múltiples estudios que las personas que muestran rasgos de personalidades de la Tétrada Oscura son mucho más propensas a cometer delitos y causar conflictos en situaciones sociales. Esto parece ser especialmente cierto en el caso de las personas que ocupan puestos de liderazgo.

Las cualidades que coinciden en las personalidades de la Tétrada Oscura son la falta de empatía, la hostilidad hacia los demás y la despreocupación por lo ofensivo de sus palabras y acciones. Además, los miembros de la Tétrada Oscura suelen mentir para obtener beneficios.

Narcisismo

Este término tiene su origen en el cuento griego de Narciso, un hombre que amaba su propia imagen por encima de todo. Aunque existan múltiples versiones de este mito, el resultado final es siempre la ruina de Narciso debido a la adicción a su propia belleza. A diferencia de muchos otros mitos griegos, este relato no trata del orden natural del mundo ni de una explicación de la cornucopia de fenómenos de la naturaleza, sino de la naturaleza humana. Es un cuento con moraleja para aquellos que se complacen demasiado, ya que hacerlo a menudo lleva a ignorar aspectos importantes de la vida.

Hoy en día, las personas consideradas narcisistas son aquellas que se valoran tanto a sí mismas que no consideran a los demás dignos de ninguna consideración. Tienen un sentido del derecho y nunca dudan en demostrarlo. Estas personas creen que son superiores a los demás y que merecen lo mejor que la vida puede ofrecerles, aunque no hayan hecho nada para ganárselo.

Todo el mundo debería quererse a sí mismo, pero cuando las personas empiezan a demostrar que están enamoradas de sí mismas, los demás deberían tomar nota y ser precavidos. Los narcisistas son vanidosos y valoran las apariencias y la influencia superficial por encima de todo. Como tales, acaban siendo bastante codiciosos y egocéntricos. Las personas que tienen esta personalidad de la Tétrada Oscura no dudarán en quitarte cosas para beneficiarse ellos mismos.

Algunos signos menos evidentes del narcisismo son la extraversión general y la apertura constante. Esto puede llevar a pensar inicialmente que un narcisista es una persona dominada por rasgos positivos; sin embargo, el punto clave a buscar es si estos rasgos aparecen en conjunción con un carácter desagradable general. Aunque con frecuencia formen parte de las interacciones sociales, los narcisistas siempre pondrán sus opiniones y pensamientos por encima de los demás. Por ejemplo, una persona amable en general que constantemente trata de corregirte tiene probabilidades de ser narcisista.

El aspecto más peligroso de un narcisista es su total indiferencia por tus pensamientos y sentimientos. Cuando alguien no siente empatía por los demás, es más probable que cause daño, incluso involuntariamente. Además, es poco probable que sientan remordimiento por el daño que causan, ya que ven sus acciones como una necesidad. No verán ningún fallo en lo que han hecho, lo que, a su vez, puede hacer que dañen repetidamente a los demás sin intención de afrontar las consecuencias.

Psicopatía

Con niveles de empatía más bajos que los narcisistas, los psicópatas pueden ser incluso más peligrosos. Pueden ser muy impulsivos y desagradables, una combinación preocupante. Además, los psicópatas carecen de conciencia, lo que significa que no se toman en serio los compromisos con los demás. Este último rasgo es el tipo de apatía de nivel superior que puede arruinar todo tipo de relaciones, ya sean amistades, intereses románticos o conexiones profesionales.

La determinación es un buen rasgo en muchos casos; sin embargo, aquellos que muestran psicopatía van más allá de ser simplemente impulsados a la acción. Se centran en objetivos que les benefician, pero son ciegos a las necesidades de los demás. A diferencia de los narcisistas, que desestiman deliberadamente las necesidades de los demás en favor de las suyas propias, los psicópatas destruirán directamente los intentos de otras personas por alcanzar sus objetivos si el psicópata cree que eso le ayudará a conseguir sus propios deseos.

De todas las personalidades de la Tétrada Oscura, los psicópatas son posiblemente los más destructivos. Además de las razones anteriores, los miembros de este tipo de personalidad suelen ser audaces y mezquinos. Serán muy directos cuando busquen sus deseos y llegarán a conclusiones sobre lo que quieren mucho antes que la mayoría de las demás personas debido a su naturaleza impulsiva. Los psicópatas tampoco tienen problemas en menospreciar o insultar a la gente. A veces incluso lo hacen igualmente cuando no afecta en nada a la consecución de sus objetivos.

Debido a la audacia y al comportamiento directo de un psicópata, puede ser fácil detectarlo inmediatamente. Si te preocupa saber si alguien es o no un psicópata, fíjate en su grosería, sus acciones desconsideradas y sus tendencias agresivas. Algunos de los delitos que cometen los psicópatas son de naturaleza física, como los actos de violencia y las agresiones sexuales. Afortunadamente, como son más fáciles de detectar, puedes tomar las medidas necesarias para distanciarte de estos individuos a tiempo.

Maquiavelismo

La primera parte de esta palabra hace referencia a Nicolás Maquiavelo, un filósofo italiano que vivió durante el Renacimiento. Maquiavelo creía que el fin siempre justifica los medios, especialmente para las personas en el poder. En su obra escrita, defiende el uso de la violencia y la traición para alcanzar los objetivos si es necesario. Además, Maquiavelo afirma en *El Príncipe* y en algunas de sus otras obras que los gobernantes están por encima de las repercusiones de cometer delitos.

El maquiavelismo hace que las personas busquen sus objetivos sin descanso. Sin embargo, mientras que los psicópatas son impulsivos en este sentido, los que muestran maquiavelismo son todo lo contrario: planean y traman para alcanzar sus deseos. Además, estas personas intentarán constantemente manipular a los demás a través de todo tipo de situaciones. Como resultado, los miembros de esta personalidad de la Tétrada Oscura son los más engañosos e insidiosos. Esto los diferencia de los narcisistas, sobre todo en que estos últimos son más oportunistas que intencionadamente taimados.

Los descendientes cognitivos de Maquiavelo suelen ser desagradables y carecen de conciencia, aunque a menudo tengan la previsión de enmascarar tales rasgos para manipular mejor a quienes les rodean. La mentira es su pan de cada día, y la practican con regularidad. No se puede confiar en las personas que muestran una gran afinidad por el maquiavelismo, ya que dirán y harán cualquier cosa para manipularte y que les ayudes en sus más mínimos caprichos.

Estas personas son las más difíciles de identificar dentro de la Tétrada Oscura, lo que puede hacerlas más peligrosas a largo plazo que los narcisistas, psicópatas o sádicos. Sin embargo, sus objetivos suelen implicar que te utilicen en lugar de que salgas perjudicado como consecuencia. Dicho esto, los dos escenarios a menudo pueden convertirse en uno, ya que a las personas que muestran signos de maquiavelismo no les importa lo que te ocurra después de utilizarte.

Una señal de que alguien pertenece a esta personalidad de la Tétrada Oscura será el uso frecuente de la adulación. Esto se utiliza para desarmar a sus objetivos y hacerlos más vulnerables al engaño. Otro signo es el intento de coaccionar a otros para que les ayuden mediante amenazas, sobornos y otras influencias negativas. Estos actos pueden realizarse de diversas formas, aunque el manipulador normalmente intentará ser carismático en lugar de intimidatorio. Sin embargo, si el carisma no funciona, los maquiavélicos no dudarán en activar el modo intimidación. Por ello, mantenerte firme ante alguien así puede permitirte ver su verdadera cara.

Sadismo

El sadismo destaca entre las demás personalidades de la Tétrada Oscura porque es el único tipo que describe a personas que obtienen placer del sufrimiento ajeno. Los narcisistas, psicópatas o maquiavélicos no disfrutan explícitamente del daño que causan, sino solamente de los efectos que favorecen sus objetivos. Los que tienen rasgos de sadismo hieren a los demás a propósito porque les hace felices infligir dolor. En un momento dado, el sadismo se consideraba un factor secundario relacionado con las otras tres personalidades oscuras; sin embargo, los estudios han demostrado que quienes se sienten inspirados para atormentar a los demás pueden quedar fuera de la descripción de quienes muestran rasgos narcisistas, psicopáticos o maquiavélicos.

Las personas sádicas deben evitarse a toda costa, ya que nunca se sabe cuándo te convertirán en el objetivo de sus retorcidos placeres. Puesto que su deseo es infligir directamente algún tipo de daño -ya sea mental, emocional o físico-, no se puede razonar con ellos ni convencerles de que te dejen en paz. Los signos de alguien que posee la personalidad sádica de la Tétrada Oscura son una grave falta de empatía, un comportamiento agresivo, un uso excesivo del miedo y la humillación como herramientas de manipulación, una tendencia a la violencia y un gran interés por las armas y la tortura. Los individuos así también actúan con crueldad hacia los subordinados y son más propensos a abusar de las partes vulnerables, como los niños, los animales no humanos y los ancianos. Incluso puede ser arriesgado conversar con personas sádicas, ya que es probable que mientan para causar daño a través de la confusión y la desinformación solo por su propio placer y con total independencia de la promoción de cualquiera de sus otros objetivos.

Hay también subtipos de sadismo, cada uno más perturbador que el anterior. En primer lugar, está el sadismo sin carácter, que se caracteriza por ser en general cobarde. Este tipo de sádico buscará los objetivos más débiles posibles, ya que se siente inseguro de su propia fuerza y capacidades. Luego está el sadismo tiránico, que implica tendencias destructivas como aterrorizar a los demás a través de cualquier medio posible y tratar constantemente a los que están cerca como inferiores. Estas personas suelen acusar a los demás y carecen de piedad en cualquier circunstancia.

También existe el sadismo ejecutor, que se ha observado que tiene una naturaleza más legal, ya que los que poseen este rasgo buscan utilizar normas y reglamentos para castigar a cualquiera que se oponga a ellos o a su posición de poder. Los sádicos ejecutores son muy críticos y controladores, independientemente del escenario. Por último, pero no por ello menos importante, está el sadismo explosivo, que, como el término indica, es excepcionalmente violento. Las personas que tienen este rasgo con frecuencia desatan arrebatos de gritos y tienen problemas de ira incontrolables. Peor aún, no ven su rabia como algo fuera de lugar y se sienten justificados para utilizar su furia en dañar a otros, además de sentir placer haciendo que los que les rodean se acobarden.

Estrategias preventivas

Ahora que ya sabes a qué atenerte, es hora de trabajar sobre cómo hacer frente a las amenazas que se aproximan. Tendrás que afinar tus técnicas dependiendo de tu situación y del tipo de peligro que se te acerque. Sin embargo, hay muchas opciones en cada escenario en las que puedes confiar para salir de posibles líos sociales.

Es importante saber cuándo evitar, desviar o directamente contrarrestar los problemas mentales y emocionales que se avecinan. Utilizar la táctica menos idónea puede conducir a malos resultados, así que asegúrate de identificar el problema antes de tratar de resolverlo.

Evasión

En algunos casos, enseguida te darás cuenta de un problema. Por ejemplo, si identificas a un psicópata en un lugar en el que acabas de empezar a trabajar, puedes tomar medidas para distanciarte preventivamente de esa persona. Aunque no sea posible evitar totalmente la interacción con personas peligrosas, puedes minimizar tu contacto con ellas. Sé cortés -pero educado- para excusarte de las reuniones individuales con individuos problemáticos.

Una buena táctica es mencionar el trabajo u otras responsabilidades reales que requieran tu atención. Nadie puede reprocharte abiertamente que des prioridad a aspectos importantes de tu vida. Además, si intentan culparte por ello, puedes justificar fácilmente tus palabras y acciones reafirmando la importancia de lo que tienes que hacer. En general, lo mejor es encontrar razones para no estar cerca de seres humanos negativos; simplemente estar en otro lugar tanto como sea posible. Aunque no siempre sea una opción, es la forma más fácil de evitar conflictos de todo tipo y, a su vez, requiere la menor cantidad de energía.

Desviación

La deflexión debe utilizarse cuando la evasión no es un curso de acción válido. En los casos en los que un tipo problemático y tú os encontréis, esta es la forma menos conflictiva de manejar las dificultades. Para dominar esta técnica es necesario mantener la calma y pensar con rapidez, lo que puede requerir cierta práctica.

Lo más importante de esta táctica es permanecer lo más neutral y poco interesante posible. Aunque seas una persona dinámica y fascinante, no querrás que nadie se fije en ti por estos rasgos. En los entornos sociales, puede ser casi imposible parecer aburrido e inútil cuando simplemente estás siendo tú mismo, pero eso no significa que no puedas inducir a las amenazas a pensar lo contrario.

Los manipuladores quieren utilizarte para conseguir sus objetivos, pero si les dejas claro que no puedes ayudarles de forma pasiva, es probable que te ignoren. De hecho, fingir ignorancia puede ser una buena forma de despistar a una persona manipuladora. Aunque tengas conocimientos sobre una situación concreta, fingir que no los tienes puede hacer que el manipulador pierda interés en utilizarte para lograr sus hazañas.

Otra cosa que puedes intentar es eludir la responsabilidad de forma poco clara. No debes redirigir un problema a otra persona, ya que eso solo hace que el problema se extienda. En su lugar, culpa a las circunstancias por no poder ayudar al manipulador. Estas circunstancias pueden ser de todo tipo, desde el tiempo hasta conflictos de agenda y mucho más. Asegúrate simplemente de elegir una razón que no pueda ser discutida o negada. Por ejemplo, no utilices cosas que sepas controlar, como actividades que planeas hacer solo o tareas domésticas.

Contra

Para contrarrestar los intentos de controlarte, tendrás que mantenerte firme y enfrentarte abiertamente a quien esté intentando manipularte. Esta es la más difícil de las estrategias preventivas y es mejor dejarla para cuando la evasión y el desvío no sean posibles. Aunque estresante, siempre es mejor luchar que huir si te han acorralado emocionalmente. Si dejas que alguien clave sus garras en ti, será mucho más difícil librarte de él.

Cuando se utiliza este método, es crucial ser honesto y centrarse en el tema de las acusaciones. Para salir airoso de las situaciones difíciles y contrarrestar las intenciones hostiles, hay que tomar el camino más fácil; de lo contrario, se corre el riesgo de agravar el conflicto en lugar de sofocarlo.

Reprende verbalmente a una persona por intentar manipularte. Cuando se enfrentan a una represalia tan directa, muchos enemigos retroceden. Se trata de un rasgo instintivo por el que los depredadores evitan enfrentarse a presas demasiado fuertes para vencerlas con seguridad. Asegúrate de ser lo más claro posible; menos palabras suelen ser mejor que despotricar. Ayuda aún más si mencionas los motivos del manipulador. Sin embargo, asegúrate de ser consciente de esos motivos antes de poder utilizarlos contra nadie.

Además, no levantes la voz ni utilices un lenguaje vulgar. Si lo haces, abandonarás la posición de superioridad, lo que puede dar ventaja a tu enemigo y permitirle asumir esa posición superior, aunque sea de forma ficticia. Al igual que cuando utilices la desviación, mantén la calma y respira hondo si es necesario para mantenerte con un estado de ánimo positivo.

Capítulo 2:
Liberarse de la manipulación

Los influenciadores negativos, como los de la Tétrada Oscura y otros, pueden ser sutiles en sus manipulaciones. Los más potentes de estos sigilosos engañadores pueden tergiversar tus pensamientos y sentimientos sin que tú mismo seas consciente de ello. Sin embargo, hay muchas cosas a las que puedes estar atento para determinar si te están manipulando emocionalmente.

Es posible que los demás te laven el cerebro para que no pienses como normalmente lo haces. Esto puede dejarte incapaz de pensar de forma crítica o independiente. Además, quienes desean utilizarte o hacerte daño pueden llegar a inculcarte nuevos pensamientos. Como resultado, el lavado de cerebro puede alterar tanto tus creencias como valores, e incluso llegar a cambiar una actitud general ante una serie de factores de tu vida.

La triangulación también puede utilizarse para manipularte. Aunque hayan formas positivas de hacerlo (triangulación estabilizadora), hay formas innegablemente negativas que pueden surgir de motivos malintencionados (triangulación desestabilizadora). Esto implica que alguien con quien tienes una relación utiliza a un tercero para influirte. Tales actos pueden ser intentos de la persona con la que estás relacionado de añadir credibilidad a su versión de un argumento haciendo que se involucre más gente. Además, la tercera persona puede ser objeto de manipulación, lo que puede añadir una profundidad confusa a cualquier circunstancia.

Cómo saber si te están manipulando

Los manipuladores intentarán con frecuencia buscar una forma rápida y fácil de establecer una conexión íntima contigo. Esto puede incluir compartir sus supuestos secretos y otra información personal sobre ellos mismos. Lo hacen para que tú te sientas más inclinado a hacer lo mismo. Es propio de la naturaleza humana intentar relacionarse con las personas cercanas. Los engañadores lo saben e intentarán utilizar tácticas similares para atraerte y atraparte en sus trampas. El objetivo final es utilizar cualquier información que les des en tu contra. Ya sea para chantajearte o con otras intenciones siniestras, sus motivos suelen obtener algún tipo de ventaja sobre ti. A veces, el exceso de información va acompañado de muchas preguntas. Se trata, una vez más, de un intento de obtener información para utilizarla en tu contra. Cuando no se trata de preguntas, estas técnicas de obtención de información pueden adoptar la forma de sugerencias abiertas para que reveles detalles concretos.

La desinformación suministrada por una persona potencialmente engañosa puede utilizarse para engañar. Las mentiras, las exageraciones y la tergiversación de los hechos son las armas que hay que tener en cuenta. Si no conoces la realidad de una situación, es más fácil convencerte de que ayudes al malhechor. Esta es una de las tácticas favoritas de los miembros de una personalidad de la Tétrada Oscura, especialmente del maquiavelismo.

Ser acosado de alguna manera es también una forma en que otros pueden manipularte. Esto puede incluir ser dominado intelectual, burocrática e incluso físicamente. El objetivo de estos actos es infundirte miedo. Esto debilita tu determinación y te hace vulnerable a ataques mentales y emocionales. A través de estos medios, alguien puede intentar forzarte a realizar actos en su nombre.

La manipulación del sentimiento de culpa puede utilizarse para hacer que te arrepientas de haberte opuesto a tu manipulador. De este modo, una persona te hará sentir como si hubieras hecho algo mal para convencerte de que te retractes de ciertas palabras o acciones. Al deshacerse de tus medidas defensivas, un engañador puede obtener una ventaja sobre ti.

De forma similar, la gente puede alterar la perspectiva de una situación enmarcándola desde una perspectiva egocéntrica. Esto suele ocurrir cuando una persona resta importancia a tus problemas y realza los suyos. El objetivo es hacer que tus preocupaciones parezcan poco importantes en comparación con lo que el manipulador considera un problema mayor. Al distorsionar la gravedad de una situación, alguien puede convencerte de que sus problemas son más importantes de lo que realmente son. Siguiendo esta táctica, es probable que el manipulador te seduzca para que le ayudes.

A los engañadores les encanta hacer que dudes de ti mismo, ya que, cuando lo haces, ellos parecen más creíbles y capaces. Estas trampas pretenden que confíes más en ellos en lugar de en ti mismo. Esto puede manifestarse de formas sutiles, como a través de bromas groseras o inapropiadas sobre tu aspecto o tu rendimiento. Al menospreciarte, alguien puede sembrar una semilla de negatividad en tu mente que hará que te sientas cada vez más inseguro de ti mismo y, en consecuencia, más seguro de ellos.

Peor aún, todas las tácticas mencionadas pueden utilizarse conjuntamente para sumirte en un estado de confusión mental. Si observas que alguien utiliza uno o varios de estos métodos, debes ponerte en guardia e intentar distanciarte de él en la medida de lo posible. Si no es el caso, tendrás que saber desviar esas tácticas o recurrir directamente a la confrontación.

Lo que hay que saber sobre el lavado de cerebro

Aquellos que intentan lavarte el cerebro harán siempre que sus afirmaciones parezcan lo más puras y verdaderas posibles. Su objetivo es hacerte ver su perspectiva y convencerte de que están haciendo lo que es objetivamente correcto. Se pintan a sí mismos como los buenos y a los demás como los malos. La mayoría de la gente desea estar en el lado bueno de las cosas, y así es como los manipuladores acaban siendo capaces de lavar el cerebro a las personas.

La política puede ser un buen ejemplo para analizar el lavado de cerebro. Hay muchos políticos que pretenden ser los salvadores de su ciudad, estado o país por todo tipo de razones inventadas. Hacen creer que sus políticas ayudarán unánimemente a todos y que, en cambio, las de sus oponentes supondrán la perdición para todos. Tales estrategias pretenden vilipendiar a cualquiera que no esté de acuerdo.

Las personas que aparezcan en tu vida pueden utilizar métodos similares, aunque probablemente a menor escala. La forma en que te convencen de que saben más que nadie es señalando las ocasiones en las que tenían razón y utilizándolas como prueba de por qué deberían estar al mando. Sin embargo, este método suele combinarse con menospreciarte a ti o a todo aquel que se oponga a ellos. Los lavadores de cerebro señalarán tantos defectos de los demás como sea posible para validar su postura.

Debido a la naturaleza de estas medidas, es más fácil evitar el lavado de cerebro que superarlo. Cambiar la moral y las creencias de alguien puede ser bastante difícil, por lo que, si el lavado de cerebro tiene éxito, puede ser muy difícil deshacerse de ello. Además, puede ser difícil incluso darse cuenta de que a uno le han lavado el cerebro.

Deshacer el lavado de cerebro

Para deshacerse del lavado de cerebro, ya sea tuyo o de otra persona, tienes que hacer preguntas y confirmar los hechos. La razón por la que alguien lava el cerebro a otros suele ser para ganar poder o encubrir algo. Hay que arrojar luz sobre esas situaciones para disipar las ilusiones generadas por el manipulador.

Empieza por cuestionarlo todo: pregúntate por qué, dónde, qué y cómo están ocurriendo las cosas, así como a quién le están ocurriendo. Si descubres que los acontecimientos giran en torno a una sola persona o grupo, puede deberse a que esa persona o esas personas estén lavando el cerebro a otros. Sigue rastros detallados y comprueba si los factores concuerdan. Si no es así, es que algo no cuadra en la situación. Esto te llevará a dudar de la información que te están dando. Este puede ser el primer paso para descifrar la fachada de quienes te están manipulando.

Psicología inversa

Una táctica a tener en cuenta que otros pueden utilizar para lavarte el cerebro es la aplicación de la psicología inversa. Alguien puede utilizar afirmaciones negativas para incitarte a la acción; lo hacen para que actúes en su favor o para promover sus objetivos. Como ejemplo sencillo, un manipulador podría insinuar que eres incapaz de realizar una acción, lo que puede hacer que instintivamente quieras demostrarle que se equivoca. En realidad, el lavador de cerebros no duda en absoluto de tu capacidad y simplemente te está engañando para que hagas algo que ellos quieren que hagas.

Sin embargo, los mejores engañadores utilizarán la psicología inversa de formas mucho más sutiles. Los más retorcidos incluso aplicarán esta táctica a cosas que no necesitan hacerse físicamente. Tal manipulación siniestra puede hacerte comenzar a pensar diferentemente o a dudar de tus intenciones iniciales en cualquier circunstancia dada. Afortunadamente, puedes invertir un intento de psicología inversa simplemente ignorando a la persona que crees que está intentando manipularte. El lavador de cerebros necesita que actúes para ganar algo, por lo tanto, si no actúas, no conseguirá nada. Al final, dejar al lavador de cerebros sin nada tiende a echar por tierra su maquinaria de mentiras y engaños.

Alternativamente, puedes darle la vuelta a la tortilla utilizando el mismo método contra la persona que intenta controlarte. Puede ser tan sencillo como decir exactamente lo mismo que te han dicho a ti. Cuando se le ponga en un aprieto, el engañador tendrá que actuar en la situación actual o evadirse descartando lo que quiere que se haga. En cualquier caso, esto desacredita al lavador de cerebros al tiempo que frustra sus intentos de controlarte.

Las pruebas de la triangulación

Muchas de las relaciones humanas más íntimas implican a dos partes. En todas las relaciones de tu vida, tú eres una de esas dos partes. Sin embargo, esto no impide que haya un tercero implicado. Esta inclusión de otra persona suele complicar las cosas. Y, aunque eso no sea exclusivamente malo, puede utilizarse en tu contra de una forma que también proteja a la parte agresora.

Triangulación estabilizadora

La triangulación puede utilizarse con un fin positivo cuando se le pide a un tercero que hable o actúe en nombre de una de las dos partes directas en beneficio de todos. Un ejemplo sería pedirle a un amigo común que le haga un regalo, que sea claramente tuyo, a tu pareja sentimental enfadada. Esta acción de disculpa a través de otra persona puede permitirte evitar la ira de tu pareja enfadada de forma que tu mensaje le llegue. Como es menos probable que se enfade con tu amigo común, este aliado puede transmitir tus pensamientos y sentimientos de forma que se resuelva el conflicto. Dicho esto, si quieres reparar una relación, suele ser mejor hacerlo directamente cuando sea posible. Aunque a veces pueda asustar, un enfoque genuino y personal puede resultar más atractivo para quienes son importantes para ti. Esto se aplica tanto a las disculpas como a la creación de nuevos vínculos.

Triangulación desestabilizadora

La mayoría de las veces, la triangulación se utiliza por motivos negativos. Además, tanto la segunda parte como la tercera pueden intentar controlarte como la primera. Ambas situaciones son igual de malas, pero se producen por motivos diferentes. Si una segunda parte (alguien con quien tienes una relación directa) quiere utilizar la triangulación para obtener una ventaja sobre ti, empleará a una tercera parte de alguna manera. Por ejemplo, un cónyuge podría intentar poner a su hijo en contra de su pareja mintiendo o revelando información sensible. Estos actos son intentos transparentes de obtener algún tipo de beneficio numérico en un conflicto. Cuando una de las partes tiene más gente que la otra, suele ser más poderosa.

Una confrontación indirecta de este tipo puede ser una forma cobarde de intensificar las malas situaciones. Al utilizar a un tercero como espada para hacerte daño y como escudo para protegerse, el segundo arriesga poco, pero puede ganar mucho. Además, las segundas partes agresivas pueden utilizar este método varias veces con otras terceras partes para llevar adelante sus nefastos planes. Alternativamente, una tercera parte puede involucrarse en una situación para causar conflictos entre la segunda parte y tú. Esto suele deberse a que el tercero desea arrebatarle algo a una o a ambas personas o separarlas a propósito. Un ejemplo podría ser una persona celosa que desea romper una pareja para poder salir con una de las personas.

El tercero puede utilizar mentiras y otras herramientas para provocar que una de las partes se enfade con la otra. Si se hace con sigilo -que es lo más frecuente-, la primera y la segunda parte acabarán culpándose mutuamente de los problemas que surjan. Cuando esto ocurre, la tercera parte siniestra gana y puede intentar llevarse cualquier beneficio. Independientemente de si la segunda o la tercera parte utiliza la triangulación desestabilizadora, siempre acaba siendo un juego de números que te deja en desventaja. Al estar en el punto de mira en múltiples frentes, la evasión no suele ser una opción razonable, y la desviación puede ser inmensamente más difícil. La única forma real de salir de una situación tan complicada es contrarrestarla.

Tienes que romper el triángulo y devolver la relación a una línea directa. Al igual que con otros tipos de manipulación, debes enfrentarte al instigador del problema, ya sea la segunda o la tercera parte. Cuando identifiques al verdadero malhechor, tendrás que llamarle la atención sobre sus acciones y revelar sus motivos a la otra parte que está siendo manipulada. En pocas palabras, si es la segunda parte la que está causando problemas, hay que aclarar las cosas con la tercera y conseguir que se retire de la situación. Si es el tercero el que causa problemas, tendrás que formar equipo con el segundo para forzar la salida del invasor de vuestra relación.

Capítulo 3: Recuperar la confianza en uno mismo

Salir de un agujero emocional puede ser muy difícil. Para ello, hay que recuperar la confianza en uno mismo y en los demás. Existen bloqueos mentales que hay que derribar para volver a centrar la mente y recuperar la claridad de pensamiento. Como estos muros se construyeron para protegerse, puede ser difícil deshacerse de ellos. Puede parecer que te estés abriendo a los ataques, aunque no sea así. No puedes vivir tu vida como es debido si ocultas tus emociones. Además, será imposible desarrollar relaciones sanas si no te permites confiar en tus allegados.

Recuperación del abuso mental y emocional

El primer paso para recuperarse es comprender lo que te han hecho. Al establecer qué es lo que está mal, puedes determinar qué problemas o factores necesitas trabajar. Hay varias formas en las que los agresores pueden hacerte daño. Por lo tanto, puede ser útil identificar estos métodos para que puedas purgar sus efectos de tu mente uno por uno. Un enfoque específico suele ser más eficiente y eficaz a largo plazo que tratar de abordar todo a la vez.

Vías de abuso emocional

Los intentos de controlar a los demás ocupan un lugar destacado en la lista de cosas que los maltratadores hacen en sus víctimas. Esto implica todo tipo de manipulaciones. Aunque no siempre se trate de una fuente directa de abuso, estos actos conducen a él. Si el maltrato es una soga, la manipulación es la cuerda que conduce al lazo.

Que desestimen tus emociones o no las tomen en serio se considera maltrato. Puede parecer menos grave que otras formas más directas de acoso mental y emocional, pero es algo que puede acumularse con el tiempo. Puede llegar al punto de que reprimas todos tus sentimientos hasta que empiecen a estallar en momentos inesperados. La falta de capacidad para controlar tus emociones es una señal preocupante, ya que puede llevarte a ser abusivo con los demás, algo que, por supuesto, no quieres. Necesitas poner fin al ciclo de abuso por el bien de todos los que te rodean.

Los maltratadores suelen intentar aislar a sus víctimas porque es más fácil de dominar cuando está sola. Sin respaldo ni apoyo, los maltratadores creen que pueden hacer lo que quieran contigo. Si alguien te obliga a estar a solas con él para poder controlarte y hacerte daño, puedes sentirte literalmente atrapada. Necesitas liberarte de esos confines para poder curarte en paz. Es casi imposible recuperarse de un abuso emocional cuando el agresor sigue haciéndote daño activamente. Es como reabrir una herida que intenta cerrarse sola.

Crear dudas en tu mente puede impedir que busques ayuda o que seas capaz de reconocer que estás en una mala situación. Los controladores intentarán llenarte la mente de pensamientos que te hagan cuestionarte a ti mismo y tus motivos. Así intentarán asegurarse de que sigues bajo su control. No hay forma de ganar confianza en ti mismo si dudas constantemente de tus propios pensamientos. Purga estas dudas de tu mente para que puedas seguir adelante con tu recuperación.

Los insultos pueden parecer un intento inmaduro de hacerte daño, pero son más eficaces de lo que la mayoría de la gente cree. Cuando empiezan este tipo de actos, es fácil ignorarlos. Sin embargo, con el tiempo, las palabras duras se hunden en tu mente hasta que empiezan a afectar a la forma en que te ves a ti mismo. A los maltratadores les encanta martillear la negatividad en tu cerebro repetidamente, ya que refuerza sus métodos de control; cuanto más débil eres, más fuertes son ellos. Enfréntate a los nombres concretos que te han puesto para que puedas verlos como lo que son: mentiras y calumnias.

Cuando alguien te niega su afecto, su intención es hacerte sentir que no vales nada. Si este tipo de trato se prolonga durante mucho tiempo, empezarás a desear cada vez más la atención y el cariño de tu agresor. Es natural querer que te quieran las personas más cercanas. Los que quieren controlarte lo saben, y seguirán desatendiendo tus necesidades emocionales para que sigas acudiendo a ellos. Esto crea una dependencia que no es muy diferente de una adicción. Tienes que abandonar este comportamiento como si fuera una droga cáustica, de lo contrario, seguirás dependiendo de tu agresor.

El abuso verbal mediante gritos, amenazas y otros tipos de intimidación es una de las formas más dañinas de herirte emocional y mentalmente. Los humanos estamos programados para evitar los gritos y los comportamientos agresivos, ya que esos rasgos desencadenan los mismos instintos que los ataques de los depredadores. Aunque no siempre exista la posibilidad de daño físico, las palabras hostiles pueden evocar los mismos sentimientos. El miedo es una de las herramientas favoritas de los maltratadores, ya que debilita tu determinación. Tienes que armarte de valor para enfrentarte a este problema, ya que la valentía es la única forma de triunfar sobre el miedo. Recuérdate a ti mismo que no eres la presa de nadie: eres un ser libre, vivo y que respira, con derecho a vivir sin intenciones hostiles que plaguen cada uno de tus pasos.

Consejos para ayudarte a curarte

La ayuda profesional suele ser el mejor método de recuperación en casos de abuso mental y emocional. Sin embargo, esto no siempre es una opción. Afortunadamente, hay muchas maneras de empezar a deshacer los efectos del abuso por ti mismo o con quienes te quieren.

Escribir un diario puede ser una buena forma de procesar tus pensamientos y sentimientos. Al crear un registro de las cosas que pasan por tu mente, puedes empezar a descargar y soltar mucho de lo que ha estado embotellado en tu interior. Te sorprendería todo lo que puede salir una vez te liberas a través de un bolígrafo o un teclado. Ver tus palabras puede ayudar a tu mente a pasar de un pensamiento a otro, lo que es estupendo para procesar traumas, muchos de los cuales pueden estar encerrados en tu psique. Además, puedes incluso empezar a sentirte cada vez más validado cuando los relatos de tus abusos aparecen por escrito. Esto puede contrarrestar directamente muchas de las dudas que tu agresor te ha inculcado y ayudarte a recuperar la confianza en ti mismo.

Muchas veces, los manipuladores pueden hacerte sentir culpable por tener reacciones genuinas ante su negatividad. Para deshacer esto, tienes que dejar de culparte. Repítete tantas veces como necesites que lo que te ha ocurrido no es culpa tuya. Es culpa de una persona horrible que quiere controlarte para satisfacer sus propios deseos. No has hecho nada malo y no debes sentirte mal por ello.

Cuando el abuso se produce durante un largo periodo de tiempo, sentirse dominado y oprimido puede parecer normal, aunque ciertamente no lo sea. Necesitas resetear lo que tu cerebro cree que es una vida natural. Cambiar una forma de pensar de toda la vida es muy difícil, pero puedes empezar a hacerlo iniciando tendencias nuevas y positivas. Dale a tu día una rutina saludable, elige un nuevo pasatiempo divertido o pasa más tiempo con tus amigos. Hay muchas formas de llenar tu vida de nuevas normalidades. Cómo vivas tu vida depende de ti; tú eres quien tiene el control. Como tal, tú decides qué es normal y qué no lo es.

Tras largos periodos en los que los demás te menosprecian, puede resultar difícil darte prioridad a ti mismo. Esto puede hacer que te desesperes por complacer a los que te rodean en busca de validación y afecto. Una buena forma de progresar en tu sanación es empezar a ponerte a ti mismo en primer lugar en cada vez más situaciones. Tú eres la persona más importante de tu vida. Aunque tengas seres queridos a los que aprecias mucho, ellos no son tú. Recuérdalo. No puedes vivir a través de ellos o para ellos; solamente puedes vivir para ti mismo. Además, quererte a ti mismo no quita que quieras a los demás. De hecho, te resultará más fácil preocuparte por los demás cuanto más recuperes el verdadero sentido de la autoestima.

Por otra parte, puede ser aconsejable pedir ayuda a las personas cercanas. Conseguir que otra voz valide tus pensamientos y sentimientos puede darte una gran confianza renovada. Así te resultará más fácil ver y comprender por lo que has pasado y cómo te ha afectado. Aunque no tengas a nadie que pueda compartir sus opiniones de forma positiva, tener a alguien que simplemente te escuche puede suponer una gran diferencia. Compartir de esta manera también puede devolverte la confianza, ya que reconocer que necesitas ayuda es un paso en la dirección correcta. Si crees que necesitas más ayuda de la que pueden proporcionarte familiares y amigos, no te avergüences de buscar la ayuda de un profesional. De hecho, esa puede ser la mejor opción dependiendo de cada circunstancia.

Superar los problemas de confianza

La confianza es un camino de ida y vuelta. Tienes que dejar que la gente se acerque a ti y estar dispuesto a ir hacia los demás. Esto puede dar miedo, sobre todo si esos intentos han fracasado en el pasado. Sin embargo, eso no significa que debas rendirte, ya que aislarte emocionalmente del mundo solo hará que empeore tu estado mental. Los seres humanos somos animales sociales: todos necesitamos a otras personas en nuestra vida para estar equilibrados mental y emocionalmente. No es necesario que se trate de un grupo grande de personas, ni siquiera de seres humanos. Puedes encontrar consuelo desarrollando una relación con un número reducido de personas o con otro tipo de animales. Esta última opción puede incluso ayudarte a desarrollar nuevas habilidades para observar cómo se sienten los demás, lo que, a su vez, puede ayudarte a conectar mejor con los humanos.

Tipos de problemas de confianza

Los problemas de confianza pueden surgir en cualquier tipo de relación. Estos problemas suelen ser el resultado de situaciones sociales negativas, dinámicas familiares, desequilibradas y otras influencias perjudiciales. La traición y las experiencias traumáticas de la infancia pueden influir también en la percepción de en quién se puede confiar y en quién no. En general, tu pasado es lo que determina tu futuro en lo que respecta a tus tendencias naturales a confiar o desconfiar de los demás. Dicho esto, nada está escrito en piedra. Puedes superar todo tipo de problemas de confianza si los afrontas de la forma correcta.

La desconfianza en las relaciones románticas es probablemente el problema de confianza más común al que se enfrentan muchas personas en su vida. La infidelidad y la falta de voluntad para comprometerse en una relación íntima son los dos factores principales. La primera provoca sentimientos de traición, abandono y celos, todos ellos perjudiciales para las relaciones.

Los problemas de confianza también pueden afectar a las amistades platónicas. Esta clase de carga emocional puede desarrollarse a partir de momentos en los que tus compañeros te decepcionan. Enfrentarse repetidamente a la decepción de una misma persona puede hacer que reconsideres estar cerca de ella. Un ejemplo común que puede contribuir a esto es cuando los amigos cancelan constantemente los planes para salir contigo o cuando nunca cumplen sus promesas. Aunque puedan ser decepciones sutiles, pueden acumularse hasta crear un resentimiento total.

Las relaciones profesionales también pueden verse afectadas por la falta de confianza. Si formas parte de una empresa o un grupo que colabora en proyectos, tienes que interactuar con otras personas. En estos casos, cada uno tiene sus funciones para que el trabajo avance sin problemas. Sin embargo, si alguien no cumple con su parte del trabajo, puede hacer que la gente desconfíe de esa persona para tareas importantes. Tanto si se trata de ti como de otra persona, puede crear divisiones en el lugar de trabajo que impidan el progreso del mismo o algo peor. Puede ser aún más insatisfactorio si tienes compañeros de trabajo con los que eres amigo, ya que esto puede combinar problemas de confianza profesional con problemas de amistad.

Aunque la desconfianza en las relaciones románticas sea uno de los tipos más comunes de problemas de confianza, el tipo familiar puede ser potencialmente el más impactante. Desde el momento en que naces, dependes de otros para que te alimenten, te limpien y mucho más. Esta dependencia fomenta la confianza en tus padres y tutores, aunque, a medida que envejeces, las cosas puedan cambiar. A veces puedes llegar a sentir que tus padres o tutores no están haciendo todo lo posible por cuidar de ti, lo que puede provocar tu resentimiento hacia ellos. Si esos sentimientos se dejan desarrollar, pueden convertirse en odio. Existen muchos otros factores que pueden contribuir a que desconfíes de los miembros de tu familia, incluso de aquellos que no son tus padres o tutores. Por ejemplo, las peleas constantes entre hermanos pueden crear también un abismo entre las personas.

Construir relaciones sanas

Independientemente de las dificultades del pasado, siempre es posible forjar vínculos nuevos y positivos. Esto no siempre es cierto en el caso de las personas con las que tienes problemas de confianza; sin embargo, eso es algo que debes determinar tú mismo. Para que una relación funcione, debe haber voluntad de confiar en ambas partes, sea cual sea su naturaleza. Si alguien no quiere confiar en ti, tendrás que ganarte a esa persona poco a poco o tomar la decisión de poner fin a esa relación. Las relaciones basadas en la desconfianza casi nunca son duraderas.

La táctica ideal para desarrollar un vínculo con alguien -incluso con alguien que te ha hecho daño- es hacerlo gradualmente. En efecto, lleva tiempo ganarse la confianza de alguien. Y lo mismo ocurre cuando ese alguien intenta ganarse tu confianza. Los actos pequeños y repetidos son la mejor manera de demostrar a alguien que te importa de verdad. El factor más importante es no traicionarles ni permitir que te traicionen. Esto implica comprender qué se requiere en una relación y qué deberes tiene cada parte para con la otra. Considera tus acciones e intenta recordar los valores de la otra persona. Por otro lado, intenta recordarles a los demás las cosas que tú aprecias para que tengan una idea clara de cómo ganarse tu confianza. Llevará tiempo, pero si hay auténtica compasión entre las dos partes, el puente que construyáis juntos puede ser más fuerte que la piedra.

Ser transparente con los problemas de confianza pasados puede ayudar a evitar problemas futuros. Si dejas que alguien entienda tu punto de vista y lo que esperas de él, le darás una mejor oportunidad de demostrar que se puede confiar en él. No es razonable esperar que los demás sepan automáticamente cómo te sientes. Por eso hay que ser abierto, tolerante y, sobre todo, paciente.

Es crucial distinguir las diferencias entre confianza y control. La confianza tiene que ver con la comprensión y el deseo de conectar con los demás, mientras que el control tiene que ver con la dominación y la manipulación. En una relación de confianza, hay que dejar que la otra parte actúe independientemente de uno. Está bien preguntar a la otra parte qué está haciendo, siempre que no haya implicaciones ni intentos de obligarla a hacer las cosas a tu manera.

Lo contrario también es cierto. La otra parte tiene que dejarte espacio suficiente para hacer lo que necesitas. Si no lo hace, lo mejor es que le expreses tu preocupación de forma directa pero educada. Puede que no entiendan que están actuando de forma controladora, por lo que es importante darles inicialmente el beneficio de la duda. Si este tipo de comportamiento continúa, puede que sea necesario tomar otras medidas, como distanciarse de esa persona o pedir ayuda a un tercero. En toda relación en la que desees establecer un vínculo de confianza, debes predicar con el ejemplo. Demuestra que eres digno de confianza, y los demás se darán cuenta de tus acciones. Además, estarás tomando el camino correcto, lo que hará que sea más fácil vivir con tranquilidad. Algunas formas de demostrar lo digno de confianza que eres es, por ejemplo, cumpliendo regularmente las promesas que haces, acordándote de las necesidades de los demás y comprometiéndote con las situaciones.

Capítulo 4:
Técnicas de manipulación

Existen muchas maneras con las que alguien puede manipularte. Dependiendo de los objetivos del manipulador, así como de su personalidad, la forma en que pueden intentar controlarte puede variar mucho de un caso a otro. La persuasión y la seducción son algunas de las formas más frecuentes de manipulación, pero no son las únicas. También existen diferentes tipos de persuasión y seducción, lo que proporciona a los influenciadores negativos muchas armas que añadir a sus arsenales.

Evitar, desviar y contrarrestar los intentos de control puede requerir un pensamiento inteligente y mucho autocontrol. Lo más importante es que quieras ser independiente de un posible agresor. Mantenerlos a distancia, o más lejos, puede ayudarte a ver mejor sus intenciones. En ese momento, te quedará más claro qué técnica podrías implementar para librarte de la amenaza.

Métodos de persuasión

Las circunstancias sociales pueden determinar la forma en que un manipulador intenta controlarte. Muchos factores pueden sumarse para darle a alguien el poder de la ventaja sobre ti. Por esta razón, existen casi innumerables tipos de métodos de persuasión. La reciprocidad es una trampa común en la que puedes caer. Alguien que quiere utilizarte puede ofrecerte un servicio de algún tipo de forma gratuita; puede tratarse de un favor o de un regalo físico. De cualquier manera, el manipulador está intentando crear una deuda de algún tipo en la que tú pienses que le debes algo por una razón u otra. Al hacer algo por ti, puede intentar pedirte un favor a cambio. De hecho, la creencia social de que hay que hacer cosas por la gente que hace cosas por nosotros está muy extendida, lo que hace especialmente fácil caer en la trampa de la reciprocidad.

Además, quienes pretenden controlarte pueden utilizar los compromisos existentes para atraparte en obligaciones inventadas. Por ejemplo, si trabajas con alguien en un entorno profesional, puede intentar utilizar razones laborales para que hagas lo que él quiere. Podrían conseguir que hicieras su trabajo inventando una razón por la que no pueden hacerlo ellos mismos. Mencionando las necesidades de la empresa o el miedo a las repercusiones, este manipulador puede llegar a persuadirte para que aceptes más trabajo únicamente en su beneficio.

La presión social en entornos de grupo es uno de los tipos de persuasión más difíciles de contrarrestar. Alguien podría dirigir directamente una mirada colectiva hacia ti antes de mencionar algo que te relacione con la situación, como lo bueno que eres en una tarea, o insinuar que no has estado haciendo lo que se supone que debes hacer en el escenario en cuestión. Si otros se suman a esta línea de pensamiento, puede llevar a que varias personas te convenzan de hacer algo que de otro modo no intentarías.

El carisma también puede desempeñar un papel importante en la persuasión. Es más probable que estés de acuerdo con personas a las que respetas y admiras. Si se sabe que existe ese respeto y admiración por tu parte, las personas con carisma pueden sacar provecho de ello para persuadirte y que llegues a acuerdos. Tal manipulación puede venir de alguien que te gusta, lo que hace difícil rechazar cualquiera de sus ofertas. Al fin y al cabo, recuerda que debes considerar tus necesidades antes que las de los demás cuando te enfrentes a presiones de este tipo.

Las figuras de autoridad son algunas de las personas que pueden resultar más persuasivas. Los profesores, los policías y los líderes suelen ser los encargados de hacer que la gente piense y actúe. Convenciendo a los demás, estas figuras pueden dirigir a grupos de personas para que hagan cosas. Tales actos son esenciales para el progreso; sin embargo, este progreso no siempre es del tipo positivo. A lo largo de la historia ha habido innumerables líderes que han abusado de su poder para satisfacer sus propios deseos egoístas. Debes reconocer los motivos de una figura de autoridad para determinar si es alguien a quien debes apoyar o no.

Habrá ocasiones en las que alguien se dará cuenta de que necesitas algo. Si esa persona es un manipulador oportunista, puede intentar llegar a algún tipo de acuerdo contigo. Te ofrece lo que necesitas a cambio de algo. Esto está estrechamente relacionado con la forma en que la reciprocidad puede utilizarse en tu contra, pero tiene más que ver con la escasez de lo que necesitas. En este caso, un controlador utilizará tus necesidades en tu contra para forzarte a una situación en la que te resulte difícil rechazar su oferta. Aunque sea difícil romper con este tipo de situaciones, debes recordar que siempre existirá otra forma de conseguir lo que necesitas. No cedas a los deseos de quienes se aprovechan de tus desafortunadas circunstancias, ya que no es probable que te liberen de sus garras una vez que te tengan bajo su brazo   .

Apelación persuasiva a través de la razón

Para los pensadores racionales, el mayor desafío es que se les exija apelar a la razón. Es un error común pensar que los intelectuales son menos propensos al engaño; sin embargo, esto no es cierto. Las personas inteligentes se dejan manipular tanto como los demás, aunque de maneras que no suelen estar relacionadas con los métodos emocionales.

Si a un *influencer* se le ocurre una línea de pensamiento lógica, puede utilizarla para convencer a los demás de que acepten su punto de vista. Para que esto funcione, la persona en cuestión tiene que entender cómo piensa un grupo de personas o un individuo. Una vez que lo ha hecho, puede montar una procesión cognitiva que engañe a sus objetivos. La mayoría de las veces, esto se disfraza como una presentación de hechos, aunque estos mismos estén tergiversados. El manipulador, que solo busca el control, también puede ser selectivo a la hora de revelar información para desinformar a los demás y aparentar lo contrario.

Estas personas pueden incluso ir un paso más allá y alegar validez científica. Pueden utilizar teoremas establecidos para reforzar sus argumentos. Aunque esto sea más difícil de conseguir, cuando funciona, puede ser aún más difícil de refutar. Peor aún, debatir con este tipo de embaucadores puede darles potencialmente más credibilidad si no se aborda la situación con cuidado. Académicos de todo tipo han sido persuadidos utilizando tales métodos. Algunos de los manipuladores más consumados han utilizado esta técnica de forma suficientemente significativa como para alterar el curso de la historia en lo que respecta a lo que se tiene por verdad.

Llamamiento persuasivo a través de la emoción

En contraposición a las apelaciones a través de la razón, hay quienes intentan utilizar las emociones de una persona para convencerla sobre determinados asuntos. Se trata de una forma de manipulación mental que se dirige a los sentimientos en lugar de a los pensamientos. Por eso, las personas más emocionales que lógicas caen más a menudo en este tipo de trampas.

En la mayoría de las sociedades civilizadas, los seres humanos necesitan orden. Junto a esto viene un sentido de la tradición, que abarca la moral y los ritos que aparentemente deben cumplirse. Aunque las razones de estas tradiciones hayan ya desaparecido hace tiempo, la gente sigue haciendo todo lo posible por mantener los hechos y acontecimientos que ha vivido a lo largo de su vida. La influencia de las generaciones anteriores contribuye en gran medida a que estas cosas permanezcan en muchas personas de hoy en día.

De hecho, siguen habiendo muchas tradiciones que son auténticas barbaridades; sin embargo, seguirá habiendo mucha gente que las defienda. Esto se debe a la necesidad humana de mantener las propias creencias y proteger lo que se consideran valores importantes. Utilizando la tradición como excusa, alguien puede persuadirte para que mantengas un hecho negativo que perjudica a los demás. Este es un gran ejemplo de cómo las obligaciones sociales y la moral heredada pueden cegar a la gente sobre lo que es correcto.

Otra forma en que alguien puede utilizar las emociones de los demás para conseguir lo que quiere es aprovecharse de la compasión de las personas bondadosas. Actuando como necesitados, los individuos pueden convencer a los demás de que necesitan ayuda, ya sea física, emocional, económica o de otro tipo. La mayoría de las personas no desean que sufran daño quienes no les han hecho daño. Los manipuladores codiciosos se aprovecharán de ello para conseguir lo que desean.

Considerada por muchos como la más siniestra de las persuasiones emocionales, la seducción puede apartar fácilmente a muchas personas de un camino positivo. Esto se atribuye principalmente a la naturaleza sexual de la seducción. Los humanos estamos programados para querer aparearnos y crear descendencia. Es una de las influencias biológicas más importantes de la mente humana.

Este impulso es tan poderoso que, incluso sin el potencial de concebir con éxito la próxima generación, puede influir en los corazones de las personas a las que va dirigido. Junto con los procesos naturales del cerebro, la seducción utiliza el deseo de una persona de sentirse bien físicamente. Muchas personas disfrutan de las relaciones sexuales, que es como los seductores consiguen lo que quieren. Es posible que el seductor en cuestión solo quiera gratificación sexual; sin embargo, puede haber cualquier número de motivos ocultos para cortejar a alguien.

Prevención de la persuasión

El objetivo de quienes intentan persuadirte -independientemente de la forma en que lo hagan- es convencerte de que hagas algo. A diferencia de las amenazas, el acoso y otras formas de intimidación, la persuasión suele utilizar el carisma, el encanto y otros rasgos seductores. Por ello, puede ser difícil darse cuenta de estas situaciones y enfrentarse a ellas antes de encontrarnos en manos de un manipulador.

Al igual que con otros intentos de controlarte, la evasión es tu primera línea de defensa. Sin embargo, dado que la persuasión puede ser lo suficientemente astuta como para eludir tu principal técnica de protección, es posible que a menudo tengas que confiar más en la desviación y el contraataque para hacer frente a las persuasiones que se aproximen. Dicho esto, cabe mencionar que no todos los que intentan persuadirte tienen un motivo oscuro. Por ejemplo, tu familia y tus amigos pueden intentar persuadirte para que hagas con ellos actividades divertidas que saben que te gustarán. Es importante comprender que no todos los que intentan convencerte de algo son enemigos. Tendrás que identificar los objetivos de una persona para descubrir si sus intenciones son buenas o malas.

Resistir a los llamamientos persuasivos mediante la razón

Conocerte a ti mismo, tu entorno y a las personas cercanas con más probabilidades de realizar intentos de persuasión sobre ti es un buen comienzo para estar preparado ante las posibles manipulaciones que puedan surgir. Puedes hacer un poco de exploración discreta manteniendo los ojos y los oídos atentos a situaciones potencialmente molestas. Además, puede ser aconsejable que te hagas una idea del tipo de argumentos que pueden utilizar los demás para convencerte. Puedes hacerlo conversando con los que están cerca o simplemente mediante la observación general. Podría haber un influenciador cerca que esté haciendo su jugada sobre otra persona, lo que sería la oportunidad perfecta para obtener información sobre un posible enemigo. Piensa en este método como una inmersión en la piscina de persuasión de tu entorno específico.

En un sentido más amplio, las industrias del márquetin y la publicidad se centran principalmente en persuadirte para que compres productos y servicios. Además, lo hacen bastante bien. Puedes analizar los anuncios de televisión y otros tipos de publicidad para hacerte una idea de las apelaciones a la razón más comunes. Por ejemplo, en los anuncios de dentífricos, los actores siempre tienen unos dientes perfectos. Al mostrar a alguien con dientes perfectos sonriendo en la misma habitación que la marca de dentífrico mostrada, el anuncio intenta persuadirte de que este tipo específico de producto dental hará que tus dientes sean tan perfectos como los del actor. Se trata de un intento de utilizar la tendencia natural de tu cerebro a establecer conexiones entre causas y efectos. Más concretamente, de hacerlo, así como de sembrar la idea de que este dentífrico es tu mejor opción.

Las personas que apelan a la razón para convencerte de algo suelen emplear tácticas similares. Suelen ofrecerte algún tipo de ventaja. Sin embargo, se retractarán de dicho beneficio cuando extiendas la mano para coger lo que te están ofreciendo. En el caso del anuncio del dentífrico, la empresa te ofrece la oportunidad de tener unos dientes perfectamente blancos, pero luego te dice que tienes que gastar dinero para conseguir este producto aparentemente increíble. Estudia estas técnicas publicitarias habituales para estar mejor preparado para enfrentarte ante las persuasiones.

Cuando te enfrentes a una oferta de cualquier tipo, debes considerar adónde te llevará. Si un acuerdo te hará perder algún tipo de libertad, es algo que debes contemplar antes de seguir adelante con él. Los manipuladores tienen más influencia sobre ti cuando ellos tienen libertad para actuar y tú no. Por ello, los controladores intentarán restringir tu capacidad de desviar y contrarrestar sus avances. Esto, a su vez, puede permitirles persuadirte con éxito una y otra vez. Incluso si crees que su oferta es algo que quieres, recuerda que algunas personas no tienen ningún problema en mentirte o falsear la verdad para salirse con la suya.

Dicho esto, en muchos casos, aceptar algo que en realidad no querías no es irreversible. Después de haber reflexionado un poco, puedes anular cualquier acuerdo al que hayas llegado previamente. No tengas miedo de romper un acuerdo antes de seguir adelante con una situación. Si en realidad no has hecho nada y los acontecimientos del acuerdo aún no se han desarrollado, siempre puedes echarte atrás. El miedo a decepcionar a los demás puede ser grande cuando lo hagas; sin embargo, recuerda que tus necesidades son lo primero. Los manipuladores tratarán de hacerte sentir culpable por echarte atrás e incluso pueden intentar avergonzarte, pero esas reacciones confirmarán que estás tomando la decisión correcta al separarte de la situación. Si alguien está dispuesto a hacerte sentir mal por no estar de acuerdo con él, es señal de que probablemente volverá a hacerlo en el futuro. No te quedes cerca de este tipo de parásitos.

Un enfoque más directo es discutir directamente con aquel que intenta persuadirte apelando a la razón. Llámale la atención sobre lo que está haciendo y denuncia sus motivos si consideras que no tiene escrúpulos. Este método no es para los débiles de corazón, así que ten cuidado, ya que puede ser contraproducente si el controlador está preparado. Para tener más posibilidades de éxito con estas contramedidas, consigue algunos aliados para tener apoyo: dos cabezas piensan mejor que una. Encuentra a alguien que comparta tu punto de vista y trabajad juntos para repreguntar al manipulador. Hacerlo delante de un grupo o en un entorno social puede permitir revelar la amenaza también a muchas otras personas. Tales maniobras pueden permitir que varias personas se unan para formar una especie de rebaño mental. Si todo el mundo es consciente de una amenaza, la mentalidad de manada puede llegar a garantizar la seguridad en número.

Tener siempre un sano nivel de sospecha puede ayudarte a ver venir las amenazas. Específicamente, es posible que desees escudriñar a aquellos que confían principalmente en su autoridad natural para hacer las cosas. Las personas que ocupan puestos de liderazgo son las primeras de la lista. No tengas miedo de rebelarte contra ellos si notas que están dañando mental, emocional o físicamente a los demás. Los líderes que perjudican a sus seguidores son tiranos, incluso a pequeña escala.

En muchos casos, la ignorancia puede ser una bendición. Los persuasores solamente pueden influir en ti si les escuchas. Si no lo haces, no pueden hacer nada, a menos que quieran intensificar la situación. Sin embargo, estas escaladas suelen ser perjudiciales para sus objetivos, ya que los signos de agresividad pueden revelar su desesperación o hacerles parecer antipáticos. La mayoría de las personas que utilizan la persuasión a través de apelaciones razonables no querrán perseguirte directamente por estas razones. Confían en su fachada para convencer a los demás, así que, si arruinan esa ilusión, sus objetivos se vuelven aún más difíciles de alcanzar.

Resistencia a los llamamientos persuasivos a través de la emoción

Si eres más sentimental que pensante, puedes llegar a tener más problemas para defenderte de las apelaciones emocionales que de las razonadas. Mientras que los persuasores que utilizan la razón intentarán dar ejemplos aparentemente creíbles de por qué deberías llegar a acuerdos con ellos, los que utilizan apelaciones emocionales intentarán evocar en ti una amplia gama de sentimientos.

Las apelaciones emocionales no tienen por qué ser razonables, solo tienen que hacer que alguien sienta lo que el manipulador desea, ya sea lástima, alegría, tristeza, ira u otra reacción sentimental. Además, dichas apelaciones utilizan tus emociones en tu contra e intentan embaucar tus procesos lógicos. Los manipuladores más hábiles sabrán aprovechar tus debilidades y deseos para ejercer la presión emocional adecuada.

La adulación es uno de los trucos más obvios que los persuasores pueden utilizar contigo. Esta maniobra se utiliza para hacerte sentir bien y caerle bien al manipulador. Como es más difícil estar en desacuerdo con gente que te cae bien, la adulación es una herramienta peligrosa que puede desarmarte. Aunque el persuasor parezca que simplemente está siendo amable por cortesía social, siempre puede haber motivos ocultos. Por eso, desconfía siempre de las personas que te halagan constantemente. Por un lado, puede que simplemente recibas muchos cumplidos por lo increíble que eres, pero, por otro lado, también podría significar que alguien quiere utilizar tu espléndida naturaleza para alcanzar sus propios objetivos.

La culpa es otra arma del arsenal de los manipuladores emocionales. A diferencia del halago, esta se utiliza para hacerte sentir mal. A nadie le gusta sentir que ha hecho algo negativo, lo que hace que muchas personas actúen para corregir lo que creen que han hecho mal. Los controladores a menudo intentarán enmarcar las cosas para que parezca que ellos son la parte perjudicada y que tú, por tanto, les debes algún tipo de reparación. Tienes que establecer la realidad de la situación y si lo que has hecho ha provocado o no un mal resultado. Los persuasores, sobre todo los emocionales, potenciarán los factores que beneficien a su artimaña y restarán importancia a otros. Tómatelo todo con humor y utiliza tu capacidad de observación para determinar la verdad. No es necesario que te comprometas con otra persona cada vez que cometas un error. La mayoría de las veces basta con una simple disculpa.

Ser responsable es un rasgo importante para ser un ser humano equilibrado. Al responsabilizarte de tus actos, evitas que tus problemas perjudiquen a los demás. Sin embargo, hay veces en las que la gente intentará hacerte sentir responsable de cosas que no son tus propias acciones. A los engañadores les gusta hacerte creer que ya tienes una obligación, ya que así es más probable que hagas lo que ellos quieren sin necesidad de que te den una razón. Ven estas situaciones como una forma fácil de coaccionarte para que hagas cosas que normalmente no harías.

Es más, pueden intentar descargar sus responsabilidades en ti. En este caso, debes mantenerte firme. Afirma que las responsabilidades no son tuyas y que no tienes ninguna obligación real de hacerte cargo. Aunque sea una acción de confrontación, este contraataque es el mejor método para este tipo de situaciones. Intentar evitar o desviar esas responsabilidades descargadas puede hacer que los demás piensen que no cumples con tus obligaciones. Esto puede ser utilizado en tu contra más adelante, así que es mejor apagar la llama antes de que se extienda.

Podría decirse que las persuasiones más difíciles de resistir son las que juegan con tus deseos. Alguien que te da lo que quieres es siempre una tentación seductora. Puede tratarse de todo tipo de cosas, desde dinero hasta poder o sexo. Estas persuasiones tiran de tus instintos, que pueden pasar por encima de tu lógica. La clave para resistirse a las tentaciones es tener autocontrol, aunque es más fácil decirlo que hacerlo.

Desarrollar la autodisciplina requiere tiempo y esfuerzo. Para ello, tienes que practicar rechazando cosas innecesarias que deseas para desarrollar la capacidad de controlarte. En este caso, la práctica hace al maestro. Rechaza regularmente una pequeña cosa que te apetezca en cualquier momento. Puede ser un postre después de cenar, unos minutos más de videojuegos o cualquier otra cosa que te guste. Tienes que ser capaz de decir que no a tus deseos en alguna ocasión, de lo contrario, te volverás susceptible a la más sugestiva de las apelaciones emocionales.

Capítulo 5:
Luz de gas y chantaje emocional

El término "gaslighting" tiene su origen en una película de 1944 titulada *Gaslight*. En esta película, un marido aísla sistemáticamente a su mujer y la convence de que lo hace por su propio bien. La manipulación emocional continúa hasta que el marido hace creer a la mujer que se está volviendo loca. Una de las muchas maneras en que la engaña es manipulando las luces de gas para que parpadeen y diciéndole después que no lo hacen. El marido continúa diciendo que su mujer solo cree que la luz oscila porque no está en su sano juicio.

A pesar de los orígenes relativamente antiguos de este término, no se popularizó hasta décadas más tarde. Fiel al tono de esta película, el *gaslighting* se utiliza hoy en día para referirse a situaciones en las que alguien intenta controlar a otra persona distorsionando su sentido de la realidad. Es una técnica de manipulación que obliga a la víctima a cuestionar su cordura, su moral y sus motivos. Quienes sufren este tipo de maniobras suelen acabar sintiéndose angustiados y confusos, lo que permite a su engañador reforzar su control sobre su objetivo.

Para que un manipulador utilice la luz de gas con eficacia, tiene que haber un desequilibrio de poder en la relación. La parte más poderosa, que ya tiene ventaja, aumenta el control que ejerce sobre la parte más débil. Otra situación en la que los persuasores pueden utilizar la luz de gas para conseguir sus objetivos es cuando el objetivo mismo teme perder algo si no se adhiere a los caprichos del manipulador.

Además de la luz de gas, hay otras técnicas que los controladores pueden utilizar con efectos similares, como el chantaje emocional. Esta última táctica consiste más bien en obligar a las víctimas a hacer lo que el engañador quiere o en jugar con sus miedos. Estos intentos también se utilizan en relaciones con una dinámica de poder desequilibrada, aunque utilicen el miedo a las repercusiones en lugar de imponer la inestabilidad mental y la incertidumbre.

Técnicas de *gaslighting*

Todas las técnicas utilizadas en el *gaslighting* implican distorsionar la verdad para moldear la visión de la realidad de la víctima. Esto puede incluir una amplia variedad de acciones insinceras que giran en torno a la mentira y la ignorancia fingida. Para que el *gaslighting* sea real, el *gaslighter* debe tener el menor remordimiento posible o creer que está ayudando de verdad a la persona a la que está perjudicando. Irónicamente, esta última situación es el resultado de que el manipulador tenga una visión poco realista de su mundo, en el que es una especie de salvador o protector.

A menudo, el controlador oculta información a la persona controlada. Al mantener a su víctima en la oscuridad, el controlador le impide obtener apoyo o conocimientos que le permitan escapar. Como nota al margen, esto coincide temáticamente con la manipulación de la luz de gas en *Gaslight*, ya que el marido de esa película mantenía a su mujer a oscuras sobre muchos temas, tanto en sentido figurado como literal. Además, los manipuladores de la luz de gas retienen una   conexión emocional con la víctima para que se sienta más aislada. No hay presa más fácil para un depredador que alguien que está solo y en la oscuridad.

El manipulador también negará la legitimidad de los recuerdos de la víctima. Contrarrestando estos recuerdos verdaderos con la duda, el manipulador hace creer a su víctima que sus recuerdos son falsos. Este suele ser un paso crucial para desquiciar a la víctima. Si no puede confiar en su propia mente, se volverá más dependiente de quien la controla.

Si su objetivo se enfrenta a él, el engañador cambiará de tema con frecuencia para volver las cosas hacia la víctima. Esta maniobra de inversión es un intento obvio de negar cualquier maldad por parte del controlador y de dañar emocionalmente a la persona controlada. Tales actos pueden disminuir la disposición de la víctima a desafiar al *gaslighter* en el futuro. Al condicionar a la víctima para que tema actuar, el controlador hace que sea más fácil dominarla.

Otra forma que tienen los controladores de robar poder a sus víctimas es desestimar sus pensamientos y sentimientos. Al trivializar las necesidades y opiniones de la persona controlada, el controlador potencia aún más el aislamiento emocional. Es más, cuando la víctima empieza a pensar que no es importante, se preocupará cada vez menos por sí misma. Lo mismo ocurre con las cosas que la víctima aprecia, lo que puede llevarla a deprimirse y a ser más fácil de controlar.

Utilizando mentiras descaradas, un embaucador puede negar que ciertos hechos ocurrieran realmente. Fingir ignorancia de esta manera es otra forma de hacer que la persona controlada dude de sí misma y de sus recuerdos. Estas mentiras irán acompañadas de excusas y desvíos de conversación. El engañador hará lo que sea necesario para mantener la ilusión deseada.

Cómo afrontar el Gaslighting

Las personas que han sido víctimas del *gaslighting* sufren una distorsión de la realidad. Por ello, una sabia contramedida consiste en recuperar una perspectiva real del mundo que les rodea. Esto puede hacerse de varias maneras que, gracias a la tecnología moderna, son fáciles de poner en práctica. Registra las pruebas de los acontecimientos y anota las cosas que suceden. Manteniendo registros visuales y escritos de las cosas que ocurren, podrás evitar que el manipulador te engañe. Reflexiona sobre la información que recopilas tanto como sea necesario para asegurarte de tu cordura. No pensarás que te estás volviendo loco si las cosas que recuerdas ocurrieron de verdad y tienes pruebas de ello.

Utiliza la cámara de tu teléfono para hacer fotos y vídeos, y utiliza cualquier tipo de aplicación de notas para apuntar rápidamente los datos clave. Además, si tienes un familiar o amigo de confianza, puedes compartir esta información con él. Hacerlo le permitirá a otra persona conocer la realidad de una situación. Y aunque no puedan apoyarte directamente contra tu *gaslighter*, confiar en un aliado puede ayudarte a aferrarte a la verdad de varios asuntos. Conocer su punto de vista también puede hacerte sentir mejor si tu aliado comprende tu situación. Encuentra la fuerza en las conexiones positivas para disipar algunos de los efectos de las negativas.

A lo largo de una relación desequilibrada, el *gaslighter* tratará con frecuencia de derribarte. Estas relaciones retorcidas pueden durar mucho más de lo que deberían. Cuanto más abuse emocionalmente el controlador de la persona controlada, más difícil le resultará a esta última recuperarse. Sin embargo, esto hace aún más vital que la víctima practique el autocuidado.

Encuentra formas de sentirte bien que no desencadenen la hostilidad del manipulador. Un método efectivo consiste en pasar tiempo con personas que te hagan feliz. Aunque no puedas hacerlo en persona, intenta hablar por teléfono o enviarte mensajes a través de dispositivos electrónicos. Si el *gaslighter* controla tus interacciones sociales, los mensajes de texto son probablemente la forma más segura de actuar. Una vez más, los teléfonos inteligentes pueden ser de gran utilidad en este caso, ya que son compactos, fáciles de usar y pueden permitirte ocultar lo que realmente estás haciendo si tomas precauciones.

Darte ánimos a ti mismo también puede ayudar: recuérdate a ti mismo tus mayores logros y elogios. Cuando recuerdes tus mayores hazañas, te sentirás orgulloso de ti mismo, lo que contrarresta directamente la sensación de inutilidad que tu controlador está intentando crear en ti. Acostúmbrate a mirarte al espejo y a decir cosas positivas en voz alta. Cuanto más lo hagas, más probabilidades tendrás de romper los grilletes que atan tu corazón.

La positividad externa se extiende tanto a las acciones como a las palabras. Si tienes una afición que te produce alegría, dedícate a ella a menudo. Esto te relajará y llenará tu pozo de cordura. Si no tienes una afición preferida, ¡encuéntrala! Elige una actividad que siempre te haya interesado, así tendrás una forma de divertirte sin riesgos.

Métodos de chantaje emocional

El chantaje emocional utiliza el miedo, la obligación y la culpa para manipular a la víctima. Un chantajista puede utilizar un sinfín de técnicas para infundir estos sentimientos negativos en la persona a la que chantajea. Sin embargo, todas ellas pueden clasificarse en cuatro tipos principales de amenazas.

El primer tipo es cuando el manipulador da a entender que castigará a su objetivo si no consigue lo que quiere. Puede tratarse de amenazas de violencia física, ataques emocionales o cualquier otra cosa que el objetivo tema que le ocurra. El miedo a acciones hostiles puede hacer que la persona controlada se vuelva dócil y sumisa.

El siguiente tipo de amenaza no es directamente perjudicial para la víctima, pero provoca que esta resulte herida de todos modos. Hay ocasiones en las que un chantajista emocional querrá que su víctima haga algo por él, pero, si su petición es denegada, el chantajista se infligirá daño a sí mismo. Esta técnica de autocastigo utiliza principalmente la culpabilidad para retorcer a la parte controlada para que haga lo que se le pide. Estos métodos pueden ser eficaces incluso si el manipulador no tiene intención de hacerse daño a sí mismo. Si la víctima se preocupa lo suficiente por el controlador, la amenaza de autolesionarse puede ser más que suficiente para que funcione.

De forma similar, el manipulador puede inducirse o fingir que se induce sufrimiento a sí mismo. Este tipo de amenaza también opera utilizando la culpabilidad de la víctima en su contra. Sin embargo, es más indirecta, ya que el chantajista solo se pondrá a sí mismo en una posición negativa y no se dañará activamente. Por ejemplo, en lugar de dañar físicamente su cuerpo, se quedará sin comer o sin agua y se asegurará de que la víctima lo sepa.

Por último, el chantajista emocional puede tentar a la víctima con algún tipo de recompensa si se cumplen sus exigencias. En lugar de amenazar con hacer daño a la víctima o a sí mismo, el controlador utiliza los deseos de la víctima en su contra. Aunque, en lugar de una recompensa genuina, el engañador suele utilizar como cebo algo que ya está disponible. Tomar algo que ya está presente y ponerlo en un pedestal es una forma que tiene el chantajista de hacer creer a la persona controlada que necesita someterse a la persona que la controla para conseguir cosas. Aunque podría decirse que es la menos dañina de las amenazas de chantaje emocional, este método crea una dependencia del chantajista. También es una forma de condicionamiento que el manipulador utiliza para que su trabajo de dominar a su víctima sea cada vez más fácil.

Cómo afrontar el chantaje emocional

El primer paso para resistir el chantaje emocional es establecer límites personales. Al no permitir que un manipulador invada tu espacio mental y físico, podrás empezar a bloquear su negatividad. Esto no tiene por qué ser una tendencia continua si resulta imposible separarse por completo de tu chantajista. En su lugar, intenta afirmar los momentos en los que necesitas espacio personal. Además, puedes utilizar tus aficiones como una forma racional de distanciarse de tu manipulador.

Una forma más directa de enfrentarse al chantajista es resistirse a sus exigencias, por muy amenazadoras que sean. En la mayoría de los casos, los chantajistas emocionales no quieren cumplir sus amenazas. Esto se debe a que tales medios requieren tiempo y esfuerzo, así como a la posibilidad de que las acciones hostiles más graves tengan repercusiones legales. Además, cumplir estas amenazas puede afectar negativamente a su posición social si otros se enteran.

Para hacer frente a un abuso emocional de larga duración como este, necesitas desarrollar resistencia. Las cosas pueden tardar mucho en cambiar, así que tendrás que capear el temporal de amenazas que se te venga encima. Si aprendes los métodos habituales de tu chantajista, podrás afrontar los impactos cada vez mejor a medida que pase el tiempo. Dicho esto, la mejor manera de salir de este tipo de situación es deshacerse por completo de tu chantajista emocional. Aunque no siempre sea posible debido a las limitaciones sociales, esta es la forma ideal de liberarse de alguien que te está chantajeando emocionalmente. Planifica con antelación y piensa cómo escapar mientras soportas las amenazas y los abusos.

Si consigues liberarte de tu manipulador, aún te quedará trabajo por hacer para evitar volver a caer en situaciones similares. Si es posible, busca ayuda profesional, ya que los médicos cualificados pueden aconsejarte mejor que muchas otras fuentes. Dependiendo de tus circunstancias, puedes ser capaz de superar las dificultades por las que has pasado utilizando la autorreflexión y el positivismo constante. Recuérdate a ti mismo que no necesitas a los demás para ser feliz y que eres tú quien lleva las riendas de tu vida. Puede dar miedo enfrentarse a estas tareas en solitario -sobre todo si has sufrido años de manipulación emocional-, pero todo empieza por ti. Eres tú quien debe tomar medidas para controlar tu vida. Asume tu responsabilidad y no olvides que tú vales la pena. Mereces relaciones que no te hagan sentir mal, sino bien.

Capítulo 6: Hipnotismo

El hipnotismo no es un fenómeno mágico, sino una forma de hacer que las personas sean más proclives a aceptar sugestiones. Este acto comienza con la inducción hipnótica de un objetivo y es seguido por el hipnotizador sugiriéndole acciones al individuo influenciado. Mientras el sujeto se encuentra en un estado mental alterado, responde a las sugestiones del hipnotizador sin oponer apenas resistencia. El sujeto también ignora el entorno, salvo las partes del mismo señaladas directamente por el hipnotizador.

Existen muchos tipos de hipnotismo, que van desde las acciones intencionadas de una persona para influir en otra hasta las funciones automáticas del cerebro humano para mantener el orden. Además, todos los tipos han sido analizados por los científicos durante décadas. La mente funciona de forma misteriosa y, aunque se haya dedicado mucho tiempo y recursos al estudio del cerebro, la humanidad aún está muy lejos de comprender plenamente cómo funciona la mente.

Cómo funciona el hipnotismo

La inducción hipnótica es el proceso de hacer que una persona entre en un pseudo trance en el que acepte lo que se le dice. En lugar de funcionar como una especie de hechizo mágico, este método utiliza un ingenioso juego de palabras para aumentar las expectativas del sujeto, definir el papel que le asigna el hipnotizador y centrar su atención hasta el punto en el que solamente se fije en la persona que le hipnotiza.

Para ello, primero hay que asegurarse de que el sujeto está cómodo, ya que necesita estar relajado para mostrarse lo más agradable posible. Por este motivo   , el hipnotizador suele sentar al sujeto. A continuación, el hipnotizador consigue que el sujeto preste toda su atención de la forma que prefiera.

Aunque existan múltiples formas de concentrar a un sujeto, todas giran en torno a la manipulación de los ojos del objetivo. Un método tradicional para hacerlo requiere que el hipnotizador maneje una pequeña luz muy cerca de la cara de la persona, a apenas un centímetro de distancia. A continuación, la luz se mueve lentamente de un lado a otro mientras el hipnotizador habla con el sujeto. Aquí, el manipulador describe cómo se siente el sujeto para que parezca que está controlando sus pensamientos. El tipo de frases implementadas son siempre sobre lo relajado que está el sujeto y cómo su mente está siendo vaciada de pensamientos innecesarios. Al afirmar la verdad sobre la naturaleza relajada del sujeto, el hipnotizador se vuelve cada vez más convincente.

A lo largo de este proceso, es crucial que los ojos del sujeto sigan la pequeña luz en movimiento. El cerebro humano interpreta los movimientos de la luz como una especie de transición a través del espacio y el tiempo. La razón de que esto funcione se debe a que los ojos humanos están programados para seguir la trayectoria de una luz e interpretar lo que significa. Estos patrones mentales tienen su origen en la necesidad de seguir la trayectoria del sol para saber si es de día o de noche. Jugando con ese instinto primario es como los hipnotizadores pueden eludir muchos de los procesos lógicos de la mente.

Tras varias fases de inducción hipnótica, que varían ligeramente según la velocidad y la distancia a la que se mueva la luz delante de los ojos del sujeto, el hipnotizador puede empezar a hacer sugestiones a su objetivo, ahora sometido. La inducción se detiene una vez que la voluntad del sujeto de participar es incuestionable. El tiempo que esto lleva varía de un sujeto a otro y depende de muchos factores, como la disposición inicial de la persona a obedecer, así como su biología ocular y mental individual. Cuando el proceso está totalmente sedado, el hipnotizador empieza a hacer sugestiones, que son actos que se pide al sujeto que haga. Si se consigue hipnotizar al sujeto, este hace lo que se le pide.

Aplicaciones de la hipnosis

Debido al amplio abanico de posibilidades que permite la hipnosis, se utiliza con fines muy diversos. Se ha utilizado en la ciencia forense, la fisioterapia, la educación, la rehabilitación y el entretenimiento. Sin embargo, con respecto a algunos de estos métodos, estos simplemente no funcionan como se pretendía. Dicho esto, hay veces en que la hipnosis también funciona mejor de lo que se había teorizado inicialmente.

El poder del hipnotismo se limita a crear cambios de comportamiento voluntarios en una persona. El hipnotismo no puede influir en alguien para que haga algo que no quiere hacer. Por lo tanto, su fiabilidad para conseguir que los delincuentes divulguen información o confiesen sus delitos ha demostrado ser ineficaz, por lo que resulta prácticamente inútil en la ciencia criminalística.

Sin embargo, el hipnotismo resulta muy prometedor en entornos terapéuticos. Hay médicos colegiados que practican la hipnoterapia para ayudar a los pacientes a superar problemas mentales. Al centrarse en determinados comportamientos y sugerir cambios positivos, los médicos han podido ayudar a los pacientes a perder peso, dejar de fumar y mucho más.

Curiosamente, la hipnosis también se ha utilizado con éxito para tratar el dolor. Dado que el hipnotismo se basa en gran medida en la relajación y la concentración del sujeto, los médicos pueden utilizarlo para conseguir que los pacientes olviden temporalmente sus síntomas dolorosos. Si se realiza con suficiente frecuencia, este tipo de tratamiento ha demostrado disminuir el dolor a largo plazo que sufren muchos pacientes. Aunque este tratamiento sea útil, hay que mencionar que solo disminuye los síntomas desagradables en los pacientes y no cura directamente sus dolencias.

Hipnosis de carretera

A veces, la mente puede hipnotizarse a sí misma. Sin embargo, no se trata más de magia que los tipos de hipnotismo mencionados anteriormente. La hipnosis de carretera es el fenómeno que se produce cuando alguien es capaz de conducir un vehículo sin ni siquiera pensar en ello.

Pensemos, por ejemplo, en un camionero que hace un largo recorrido. Mientras conducen por carretera, si tienen suficiente experiencia con su vehículo, pueden no prestar atención a nada salvo a la dirección que toma su camión y conducirlo con seguridad. Esto incluye permitirse distracciones como comer, utilizar un teléfono móvil y todo tipo de cosas que normalmente se deberían evitar mientras se conduce. Existen incluso informes de quienes pueden conducir de forma segura mientras duermen. Sin embargo, estos registros solo mencionan la conducción en carretera abierta, sin semáforos ni maniobras complejas.

La idea es que, si haces algo con mucha frecuencia, puedas llegar a ser tan bueno en ello que puedas realizar una tarea de forma óptica sin ni siquiera prestar atención. Este concepto está estrechamente relacionado con el funcionamiento subconsciente del cerebro y con las funciones de la memoria muscular. Además, se ha planteado que la hipnosis de carretera es el resultado de una bifurcación en la mente del conductor. La teoría afirma que una parte de la mente de este se centra en la conducción, mientras que otra se centra en otra cosa. Piensa en esto como si estuvieras intentando dibujar un círculo con un bolígrafo con la mano izquierda mientras, simultáneamente, intentas dibujar un triángulo con otro bolígrafo con la otra. Aunque no sea imposible, es muy difícil hacerlo de forma que se obtengan formas nítidas, al menos hasta que se practique mucho y se superen los muros subconscientes.

Hipnagogia

Este término se refiere al fenómeno en el que la mente pasa de un estado de vigilia a un estado de sueño. Es en este estado cuando se producen muchos actos hipnóticos de origen externo, ya que el cerebro se encuentra especialmente susceptible a estas influencias externas. La razón es que tu consciencia intenta pasar el poco control que tiene de tu mente y tu cuerpo a tu subconsciente (que se encarga de todas las funciones auditivas importantes). En este periodo transitorio se pueden experimentar alucinaciones sensoriales de todo tipo.

En lo que respecta a la vista, los fosfenos son algunos de los sucesos mejor documentados. Estos fosfenos son los arreglos psicodélicos que nadan ante tus ojos cuando tienes sueño. Pueden ser bidimensionales o tridimensionales, en blanco y negro o de colores vivos, y adoptar todo tipo de formas extrañas o familiares. La variedad de fosfenos lleva a los investigadores a creer que son el resultado de un intento del cerebro de dar sentido a la escasa cantidad de luz que se filtra a través de los párpados cuando están cerrados. La mente humana busca casi desesperadamente patrones en todo, por lo que es lógico llegar a la conclusión de que también lo hace entre los estados de vigilia y sueño.

Más extrañas son las alucinaciones auditivas que algunas personas experimentan durante la hipnagogia. Durante este estado, las personas han declarado oír voces, partes de conversaciones que no se han producido, portazos, campanas y otros sonidos aparentemente aleatorios. Una vez más, se teoriza que estas sensaciones son el resultado de la actividad cerebral. Aunque, a diferencia de los fosfenos, estas alucinaciones auditivas parecen proceder de fragmentos de memoria y rastros de pensamientos que una persona tuvo la última vez que estuvo completamente despierta.

Aún más interesante es cuando los sentidos se mezclan durante la hipnagogia, que emula los síntomas de la sinestesia. Si se dan las condiciones adecuadas, las personas que están a punto de dormirse pueden oír un color o ver un sonido. Muchas veces, el fenómeno del sueño lúdico también está ligado a la hipnagogia. De hecho, muchas personas achacan el sueño en su conjunto a los efectos de la hipnagogia y a funciones cerebrales similares. No se comprende completamente cómo es posible la sinestesia temporal, lo que deja en claro que aún queda mucho por descubrir sobre las funciones del cerebro.

Hipnosis encubierta

A diferencia de la hipnosis normal, que se dirige al consciente del oyente, la hipnosis encubierta se centra en el subconsciente del sujeto. En lugar de sugerir directamente al oyente que realice los actos que le pide el hipnotizador, el objetivo del hipnotismo encubierto es inculcar ideas en la mente del objetivo para que realice las tareas deseadas por voluntad propia.

Otra diferencia es que no se utiliza la inducción hipnótica directa. En lugar de esta técnica, el hipnotizador se acerca al oyente cuando ya se encuentra en un estado mental más susceptible, lo que puede suceder cuando el sujeto está intoxicado, agotado o confuso. Actuar en esos momentos elimina la necesidad de someter mentalmente al objetivo. Sin embargo, el manipulador sigue haciendo insinuaciones, aunque de manera diferente. Estas implicaciones se realizan cuando el oyente no está plenamente consciente o no se da cuenta de la presencia del hipnotizador. De este modo, el sujeto creerá que las ideas sembradas en su mente eran solo suyas.

Hablando de forma segura pero suave, el controlador utiliza metáforas y otros mensajes indirectos para crear pensamientos en la mente del oyente a los que este último se aferrará y cumplirá.

Los tipos de metáforas utilizadas son muy situacionales, ya que tienen que ser lo suficientemente relevantes como para conseguir que el sujeto haga lo que el hipnotizador quiera , pero no pueden ser literales, ya que esto puede romper el estado de trance que experimenta el sujeto. Por ejemplo, si un hipnotizador quiere que el sujeto -un agricultor- se coma las verduras que él mismo cultiva, puede utilizar metáforas relacionadas con los productos y con la comida. El oyente escucha el significado de las palabras a un nivel superficial, pero las retiene en lo más profundo de su ser, ya que se encuentra en un estado casi inconsciente.

Programación Neuro-Lingüística (PNL)

Muchos afirmarán que una de las principales razones por las que funciona el hipnotismo encubierto se debe a la programación neurolingüística. Este término se refiere a la técnica de convencer a la mente de alguien para que actúe de una manera determinada. Sin embargo, no existen pruebas concretas de que la programación neurolingüística sea otra cosa que el poder de la sugestión combinado con la voluntad de actuar.

El principal argumento a favor de la PNL es que las personas pueden utilizarla para mejorarse a sí mismas. Los creyentes afirman que los seres humanos pueden tomar aspectos de una parte de su mente y aplicarlos a otra. Por ejemplo, si eres hábil en una actividad, puedes analizar tu comportamiento cuando la realizas para determinar qué es lo que te hace tan competente. Tras este análisis, puedes intentar recrear el mismo comportamiento al realizar otra actividad con la esperanza de emular la destreza que mostraste en la otra actividad en la que eres experto.

Ten en cuenta que no se trata de repetir acciones o movimientos específicos, sino de imitar un comportamiento. El modo en que el comportamiento puede influir en acciones específicas es discutible, razón por la que la PNL se somete a un gran escrutinio en los círculos académicos, y también por la que a menudo se la tacha de pseudociencia.

Capítulo 7: Relaciones

Los humanos somos animales sociales, lo que significa que necesitamos relacionarnos con otros seres humanos para mantenernos mentalmente estables. Incluso quienes prefieren la soledad necesitan al menos un par de personas en su vida para que ciertas funciones cerebrales sigan siendo eficientes. Sin relaciones, la mente humana tiende a degradarse en lo que respecta a las habilidades sociales y la salud emocional.

La razón se remonta a muchos, muchos años atrás, cuando la gente cazaba y recolectaba alimentos en grupo para sobrevivir. En aquella época, anterior a las tiendas de comestibles e incluso a la agricultura, los humanos necesitaban trabajar en equipo para conseguir los mejores alimentos posibles. Además, tener vínculos estrechos con la gente que te rodeaba significaba que te cuidarían si te ponías enfermo o te lesionabas.

Existen pruebas arqueológicas de humanos de la Edad de Piedra que vivieron más allá del punto en el que podían cazar y recolectar con eficacia, lo que significa que eran cuidados por sus hijos u otros miembros de su grupo social. También se han hecho descubrimientos en excavaciones similares en las que se han encontrado humanos con huesos que parecían haberse roto en un momento dado, pero que luego se curaron. Esto implica en gran medida que muchas comunidades humanas antiguas cuidaban tanto de los enfermos como de los ancianos, incluso cuando no los necesitaban para sobrevivir. La compasión es algo que está profundamente arraigado en la naturaleza de la humanidad. Como tal, las relaciones que se tienen y se hacen son el producto de millones de años de evolución que han inculcado en las personas la necesidad y la importancia de la unión.

Dicho esto, no todas las relaciones son positivas. Existen muchos seres humanos que pueden ser egoístas e ignorantes de las necesidades de los demás. Además de las personalidades de la Tétrada Oscura, hay quienes simplemente no desean dedicar ningún esfuerzo a beneficiar a quienes no sean ellos mismos. Es más, estos mismos individuos egocéntricos intentarán quitar tiempo, energía y más a los que les rodean para aumentar su poder social y avanzar en sus objetivos. Este tipo de relaciones se denominan tóxicas por su naturaleza cáustica y perjudicial.

Las relaciones tóxicas deben evitarse en la medida de lo posible. Incluso si hay aspectos de una relación que son útiles, si son principalmente perjudiciales, deben abandonarse. Los que se aprovechan de las personas más cercanas son poco más que sanguijuelas humanas, una descripción que podría decirse que es más insultante para las sanguijuelas que para los humanos. Los parásitos son una plaga para la sociedad, ya que no contribuyen, solo consumen.

Tipos de relaciones tóxicas

Una relación tóxica se define como un vínculo entre dos o más partes en el que al menos una de ellas actúa de forma abusiva hacia otra u otras. Esto puede incluir agresiones físicas, mentales y emocionales, entre otras. Estas relaciones suelen ir acompañadas de mucha manipulación relacionada con desequilibrios de poder y control. Las amenazas y la intimidación también pueden tener un gran impacto, lo que puede hacer que escapar de este tipo de relaciones sea difícil y peligroso.

Si bien cualquier relación puede volverse potencialmente tóxica, existen cuatro grandes clasificaciones para estos vínculos cáusticos que clasifican las relaciones abusivas en función de cómo estén vinculadas las distintas partes. Nadie está realmente a salvo de ningún tipo de toxicidad, ya que son muchos los factores que determinan el poder y el control de los individuos en todas las relaciones.

Toxicidad en las relaciones íntimas

Dentro de este tipo de relación abusiva, se tienen en cuenta cuatro subcategorías que se utilizan para definir mejor la naturaleza de esas conexiones caóticas. Sin embargo, todas ellas se refieren a relaciones románticas entre dos individuos. En primer lugar, existe una retención pasivo-agresiva del apoyo emocional, que es cuando una de las partes descuida a propósito a la otra para abandonarla emocionalmente. Al privar de apoyo emocional a la parte víctima, el controlador puede manipular más fácilmente a la persona controlada. Del mismo modo, se restringe el territorio personal y la libertad, que sucede cuando un manipulador opta por aislar socialmente a la persona que está manipulando. En estas situaciones, la parte abusiva intenta tomar el control de la parte abusada para hacer que esta última dependa de la primera. No permitir que la víctima tenga límites personales también es habitual en este tipo de toxicidad.

Luego está el daño denigrante, que se refiere a situaciones en las que una parte utiliza la hostilidad verbal -como los gritos- para hacer sufrir a la otra. Los gritos, además de contener blasfemias, suelen ser despectivos. Por otra parte, existe la conducta amenazante, estrechamente ligada al daño denigrante. En el comportamiento amenazante, una parte hace amenazas para dominar a la otra. Tales amenazas pueden ser promesas directas de daño físico, promesas de la parte maltratadora de poner fin a la relación con la parte victimizada, y muchas otras implicaciones negativas.

Existen diversos informes sobre el porcentaje real de personas que han tenido que lidiar con relaciones íntimas tóxicas; sin embargo, es innegable que estos problemas están muy extendidos en todo el mundo. Los seres humanos somos muy individualistas y cada persona tiene valores y creencias diferentes. Esta discrepancia entre individuos puede ser menor o mayor, y esta última suele dar lugar a situaciones más abusivas como consecuencia de los intentos de una de las partes de mantener un estilo de vida diferente al de la otra.

Toxicidad en las relaciones infantiles

Dentro de los vínculos paterno-filiales existe un gran número de comportamientos negativos por parte de los padres que pueden provocar un desarrollo cognitivo, emocional y social deficiente en los niños. Estos comportamientos pueden hacer que estos últimos sufran daños psicológicos de leves a graves. También cabe señalar que los cuidadores que no son los padres biológicos de un niño también pueden mostrar estos comportamientos negativos en detrimento de los niños implicados. Algunos ejemplos son los gritos, el *gaslighting* e incluso el maltrato físico.

Además, durante un largo periodo de tiempo, este comportamiento puede normalizarse, lo que impide a los niños identificar que están siendo maltratados. Debido a la normalización, los niños maltratados pueden convertirse en adultos mentalmente desequilibrados que acaben maltratando a sus hijos de forma similar. La perpetuación de los comportamientos negativos de los padres a lo largo de varias generaciones puede dificultar la ruptura del ciclo de abusos.

La razón por la que algunos padres y cuidadores se vuelven tóxicos puede atribuirse a muchos factores, como unas habilidades parentales generalmente deficientes, el aislamiento social y unas expectativas poco realistas de sus hijos. Hay más variables que pueden conducir a la toxicidad en las relaciones infantiles; sin embargo, al igual que las razones antes mencionadas, todas ellas se derivan de problemas por parte de los padres y cuidadores, nunca del hijo menor de edad. Por desgracia, este tipo de situaciones son comunes en todo el mundo.

Los menores están sujetos a los caprichos de sus padres y cuidadores, independientemente de la situación, y las autoridades a veces no se toman este tipo de abusos tan en serio como deberían. Y es que la principal razón por la que las autoridades no se toman el maltrato infantil tan en serio como deberían es probablemente la normalización de los vínculos tóxicos entre padres e hijos. Demasiados casos se tachan de paternidad normal en lugar de clasificarse como paternidad abusiva, lo que lleva a que no se haga nada para impedir que se produzcan los abusos.

Toxicidad en las relaciones con personas mayores

Por otro lado, los padres también pueden ser víctimas de abusos por parte de sus hijos adultos y cuidadores, aunque esto sucede principalmente cuando son lo suficientemente mayores como para volverse vulnerables. A medida que las personas envejecen, se debilitan física y mentalmente pasado cierto punto. Este punto varía mucho entre individuos; sin embargo, todo el mundo llega a esta etapa de la vida si vive lo suficiente. La vulnerabilidad que conlleva hacerse mayor lleva a veces a las personas en la flor de la vida a aprovecharse de las debilidades propias de la edad. En algunos casos, puede manifestarse en forma de venganza por parte de hijos maltratados que buscan castigar a sus padres o cuidadores. Otras veces, puede ser simplemente el resultado de seres humanos que se aprovechen de los ancianos para su propio beneficio, como ocurre con las herencias.

Muchos de los mismos tipos de abusos infligidos a los menores pueden aplicarse a los ancianos, ya que ambos están sujetos a los caprichos de los seres humanos de mediana edad que los cuidan, aunque haya algunos que son exclusivos de las personas mayores. El abuso financiero puede infligirse comúnmente en los ancianos debido a individuos que tratan de apoderarse del dinero que el anciano ha ahorrado durante décadas. De hecho, hay una gran variedad de manipulaciones que pueden darse en situaciones como esta, como la intimidación verbal, las amenazas de violencia, así como la mentira y el engaño en general. En los casos más graves, las personas hostiles pueden realizar actos que provoquen la muerte de los ancianos para recibir antes los beneficios de la herencia.

Toxicidad en las relaciones laborales

El acoso en entornos profesionales es la forma más notable de toxicidad en las relaciones laborales. Aunque de naturaleza aparentemente juvenil, los insultos y otros comportamientos que no parecerían fuera de lugar en entornos educativos entre personas menores de edad pueden ser habituales, en cambio, en el lugar de trabajo. Es más, la mentalidad de masa en situaciones sociales en las que participan varias personas en el trabajo puede conducir a un aumento de los abusos mentales y emocionales. El maltrato físico es menos frecuente en el lugar de trabajo porque suele haber normas estrictas contra este tipo de actos, aunque, en el caso del maltrato mental y emocional, las normas son desgraciadamente más maleables.

La toxicidad en el lugar de trabajo tiene lugar con mayor frecuencia en entornos con empleados más jóvenes, así como en los que cuentan con personas menos formadas. Al tratarse de un entorno con personas menos experimentadas, existe una falta generalizada de capacidad para identificar amenazas y tomar medidas preventivas. En cuanto a los entornos con personas menos formadas, la falta de conocimientos derivada de una formación académica escasa o nula da lugar a malentendidos más frecuentes.

En todo tipo de escenarios sociales repetidos, como en escuelas y lugares de trabajo, las jerarquías tienden a evolucionar como resultado del comportamiento humano natural. El deseo de ser líderes o de someterse a ellos puede acabar creando luchas de poder. Dependiendo de los objetivos de estos líderes de facto, las cosas podrían volverse cada vez más difíciles para los nuevos miembros o para los que no se sometan al liderazgo. Incluso en entornos en los que ya existe una figura de autoridad, habrá quien desee ganarse la atención y el afecto de sus compañeros para inflar su sentido de la propia importancia.

Soledad

La falta de verdaderas conexiones interpersonales puede tener un impacto tan negativo como las relaciones tóxicas, aunque de formas muy distintas. Como ya se ha mencionado, incluso las personas más autosuficientes necesitan relacionarse con otras para mantenerse mentalmente estables. Cuando las personas pasan demasiado tiempo sin interactuar con otras de manera significativa, pueden aparecer una gran variedad de síntomas que pueden dar lugar a toda una serie de problemas. Además, hay muchos tipos de soledad. Dependiendo del estilo de vida de cada persona, se puede sufrir uno o varios tipos de soledad al mismo tiempo.

Soledad existencial

En un sentido amplio, todo ser humano experimenta una soledad constante. Por ejemplo, todo el mundo nace solo y muere solo, independientemente de su proximidad a los demás. Incluso los gemelos, nacidos en el mismo periodo de tiempo, solo pueden salir del vientre de su madre en fila india debido a las limitaciones del cuerpo humano. De manera similar, en los casos en que muchas personas mueren a la vez por la misma causa, en realidad cada individuo enfrenta la muerte solo, aunque rodeado de otros que se encuentran en las mismas circunstancias.

Si tenemos en cuenta que todo el mundo vive su vida únicamente a través de su propio cuerpo - aunque rodeado de otras personas que hacen lo mismo-, puede causar pavor existencial. Nunca podrás vivir tu vida a través de un vínculo directo con otra persona. Lo más parecido es vivir al lado de alguien a quien quieres e interactuar frecuentemente con él. Sin embargo, siempre habrá momentos en los que debas separarte de tu ser más querido, ya sea por razones deseables o indeseables.

Puedes considerar este tipo de soledad como el equilibrio constante que todo el mundo debe mantener entre estar con los demás y estar solo. Ambos son importantes, pero la proporción ideal varía de una persona a otra. A veces, este tipo de soledad puede ser agobiante y preocupante, aunque, en otras ocasiones, puede ser refrescante y hacer que valores y desees estar rodeado de otros.

Soledad cultural

Cuando una persona se aísla de los de su misma cultura, puede acabar sintiéndose sola. La causa de estas situaciones puede ser debida a un traslado a grandes distancias o la entrada en un nuevo entorno escolar o laboral. Sea cual sea la causa, las personas desarrollan síntomas como la falta de disposición a relacionarse con los demás y la incapacidad para comunicarse con quienes se encuentran en el mismo entorno. Irónicamente, tales síntomas pueden conducir al autoaislamiento en medio de la variedad general.

Las personas que sienten que no pertenecen a ningún sitio pueden volverse resentidas e incluso paranoicas. El creciente temor a la persecución por sus diferencias es también una amenaza real, pudiendo provocar divisiones más profundas entre un individuo y sus compañeros. También es cierto que puede resultar difícil adaptarse a la interacción con personas de culturas diferentes, ya que en ocasiones habrá muchos malentendidos. Las discrepancias en la moral y los valores de las distintas culturas añaden aún más desafíos a la superación de este tipo de soledad.

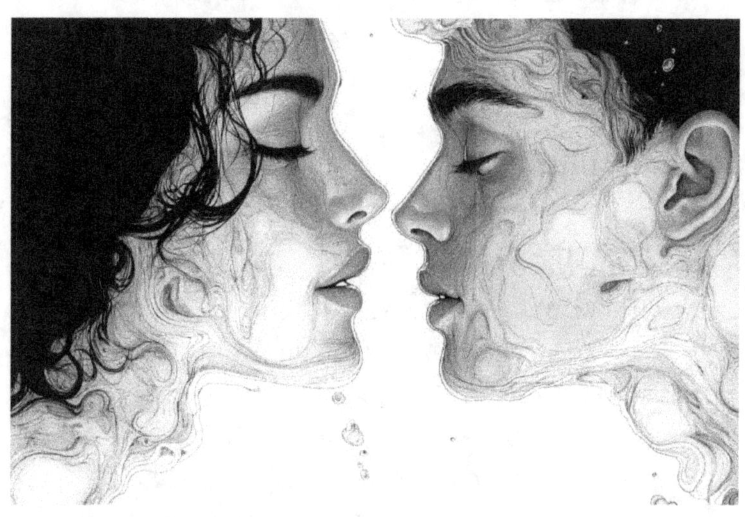

Sin embargo, para salvar la distancia y vencer la soledad cultural, el primer paso es siempre tender la mano e intentar establecer una conexión. Tanto desde la perspectiva de la persona aislada como de las que pertenecen a un grupo, una conversación es inmensamente útil. Aunque pueda haber alguna barrera lingüística, el esfuerzo en sí puede bastar a menudo para iniciar una tendencia positiva.

Si fuera tu caso, empieza con saludos sencillos por la mañana y despedidas positivas al final del día. Una vez que estos saludos y despedidas se conviertan en habituales, será cada vez más fácil relacionarse con los demás. Los aislados deben esforzarse por aprender las costumbres de su entorno, y los del grupo deben tomar medidas para enseñar al aislado algunas de esas costumbres. La integración en una nueva cultura se basa en la comprensión y la comunicación. Con esas dos herramientas, cualquiera puede formar parte de una comunidad carente de prejuicios.

Lamentablemente, y, sin embargo, cuando los prejuicios son un factor, la soledad cultural puede ser difícil de aliviar. El racismo siempre crea más problemas de los que intenta resolver, como dividir a las comunidades y hacer que los miembros de las mayorías se vuelvan hostiles a las minorías. Ante tales problemas, las minorías pueden ser juzgadas y perseguidas socialmente por el mero hecho de existir.

No hay forma fácil de enfrentarse al racismo, ya que un prejuicio de esta naturaleza es el resultado de décadas de comportamientos negativos impuestos y de una falta de comprensión deliberada. Además, quienes intentan disminuir las tendencias racistas pueden convertirse en blanco de actos de odio, aunque formen parte de la mayoría. El mejor método para hacer frente al racismo es el lento: educar a las masas durante largos periodos de tiempo. Solamente a través de la transmisión gradual de los hechos se puede acabar con el racismo. Puede que los propios racistas nunca cambien; sin embargo, sus hijos y nietos podrán criarse en entornos que se han alejado de los prejuicios y se han acercado a la aceptación.

La soledad por la pérdida

El final de una relación también puede causar soledad. Ya sea por la ruptura de una relación sentimental o por una muerte trágica, las personas pueden quedar emocionalmente aisladas. Dependiendo de los factores que conduzcan a la pérdida, la persona afectada puede seguir adelante rápidamente o acabar rehuyendo la sociedad durante mucho tiempo.

Ser abandonado o sufrir un divorcio puede hacer que alguien se sienta abandonado y odiado. Esto, a su vez, puede causar depresión, dudas sobre la autoestima e incluso provocar autolesiones. Este tipo de malestar psicológico es capaz de dificultar el inicio de una nueva relación sentimental o la satisfacción con las circunstancias de vida como soltero. Algunos síntomas de las personas que se encuentran en este estado mental pueden ser celos y resentimiento hacia las parejas íntimas, ataques de ira debidos a la frustración y una excesiva voluntad de conectar con otra persona, aunque haya muchos más. Los síntomas exactos de un individuo tras una ruptura o divorcio varían de una persona a otra, al igual que su gravedad, aunque, dicho esto, la negatividad suele ser casi siempre la reacción más común ante este tipo de situaciones.

Ante la muerte de un ser querido, la respuesta más común es el duelo. A pesar de que se haya debatido mucho sobre el tema, muchos consideran que el modelo de Kübler-Ross (también llamado las cinco etapas del duelo) es una descripción válida de la serie de emociones por las que pasa una persona cuando está en esta etapa. Las cinco etapas son, por orden, negación, ira, negociación, depresión y aceptación.

Al principio, una persona en duelo no creerá que su ser querido ha muerto. Se trata de un mecanismo mental que intenta identificar si los acontecimientos que se están produciendo son reales o inventados. Cuando entra en estado de *shock*, el cerebro humano se esfuerza por procesar inicialmente lo que está sucediendo, por lo que la incredulidad es la reacción inicial ante la pérdida por muerte. Cuando alguien se da cuenta de que ya no puede negar lo que está ocurriendo, se puede frustrar e volverse irracional. Sobreviene la ira, ya que el cerebro no tiene una solución para deshacer la situación negativa, lo que provoca un poco de desenfreno en la mayoría de los individuos.

Una vez que la ira desaparece, la gente puede intentar negociar con otras personas -a veces incluso con poderes sobrenaturales- para revertir la muerte. Las súplicas hacia un poder superior o las promesas de hacer cambios positivos en su vida son los tipos más comunes de regateo. Al tratar de actuar de forma diferente, la persona afligida intenta evitar sentir la tristeza de la pérdida cambiándola de algún modo por otra cosa. Aunque a primera vista parezcan ilógicas, estas reacciones son el resultado de una mente humana que intenta aplicar soluciones normales a situaciones anormales. La cuarta etapa, la depresión, es la más comprensible. Es en este punto cuando una persona ya no puede evitar una profunda sensación de tristeza. Se derrumba emocionalmente y llora por la pérdida sufrida así como por la falta de presencia de su ser querido. Por último, una vez que la persona en duelo ha tenido la oportunidad de sentir realmente el impacto de su pérdida, es capaz de aceptar lo que está sucediendo. Es capaz de recordar que todo el mundo acaba muriendo y que es el orden natural del planeta Tierra.

Aunque el modelo de Kübler-Ross tienda a ser exacto para la respuesta al duelo de los norteamericanos, a menudo no lo es tanto para los habitantes de otras partes del mundo. Esto se debe a que Elisabeth Kübler-Ross -la creadora de esta teoría- realizó sus observaciones en enfermos terminales en la Facultad de Medicina Pritzker de Chicago (EE.UU.). Dicho esto, esta teoría y otras expuestas en el libro de Kübler-Ross *Sobre la muerte y el morir* han sido de gran ayuda para muchas personas desde que se publicó por primera vez en 1969.

Soledad en Internet

A pesar de que Internet haya conseguido conectar a la gente más que nunca, sigue habiendo formas en las que hace que las personas se sientan cada vez más solas. Los estudios han descubierto que quienes utilizan Internet de forma excesivamente pasiva, como el consumo de contenido en línea, son mucho más propensos a sentirse solos. Por el contrario, los mismos estudios han descubierto que un uso moderado y activo de Internet, como conversar con otras personas en línea a través de chats y *livestreams*, disminuye significativamente la soledad. Todo depende del uso que se haga de Internet y de la personalidad de cada uno.

En cuanto a las personas que se sienten más solas cuando utilizan Internet, esa tendencia puede ser el resultado de individuos que buscan la soledad para escapar de las interacciones sociales en persona. Debido al acoso, el aislamiento cultural y otros factores, una persona puede sentirse más cómoda navegando por la red que paseando entre los demás. Aunque, de nuevo, repito que la soledad resultante depende del uso que la persona haga de Internet. Cuando una persona solamente utiliza los recursos en línea para un consumo excesivo de contenido, como ver películas y leer libros, tiende a perder contacto con su lado social. Esto, a su vez, puede generar una espiral descendente de soledad en la que una persona no solo evitará interactuar con la gente en persona, sino también en línea.

Capítulo 8: Autoestima

Hay muchas cosas que la mente humana necesita para estar sana y funcionar plenamente. Una de estas cosas es un nivel adecuado de autoestima, que se presenta de dos formas: el respeto de los demás y la autoestima. La primera forma de autoestima puede manifestarse a través del reconocimiento de las buenas acciones, el orgullo por el éxito y la admiración de los demás, así como otros factores externos positivos. La otra forma de autoestima está compuesta por el amor hacia uno mismo, la confianza y otros rasgos internos que uno determina por sí mismo en lugar de experimentar a través de las interacciones con otras personas.

Si alguien tiene baja autoestima, puede acabar desesperándose por buscar la aprobación de los demás. Además, será incapaz de generar una idea clara de sí mismo, lo que puede provocar una disminución de la ya de por sí baja autoestima. Esto, a su vez, puede hacer que la persona se sienta inútil. Los individuos en este estado mental no serán capaces de quererse a sí mismos ni de siquiera dejarse querer por los demás en muchos casos. Es en este punto cuando pueden surgir las autolesiones y las tendencias suicidas, por lo que es importante evitar entrar en un estado mental tan depresivo.

A lo largo de los años, muchos psicólogos han profundizado en la naturaleza de la autoestima y han establecido muchas clasificaciones para describir los efectos que la autoestima alta y baja tienen en el cerebro. Además, se han analizado muchos otros rasgos y factores para ayudar a comprender cómo las perspectivas positivas y negativas son capaces de alterar la forma de pensar y sentir. Y es que la mente es extremadamente compleja, lo que dificulta que incluso los psicólogos más reputados puedan estar seguros de una idea concreta. Dicho esto, sus numerosas teorías y conceptos pueden permitirte hacerte una idea de cómo enmarcar los acontecimientos de tu vida. Tomando lo que los expertos han dicho sobre el tema y aplicándolo a tu situación, puedes hacerte una mejor idea de lo que tienes que hacer para mejorar tus circunstancias, siempre que sea necesario.

Niveles de autoestima

Al medir reacciones de personas con alta y baja autoestima, los psicólogos han podido observar las tendencias y reacciones de cada grupo. Ni que decir tiene que las personas con una autoestima alta suelen ser más felices y adaptarse mejor a muchas situaciones distintas. Tomando nota de los rasgos de cada grupo, es posible determinar si muestras o no un comportamiento ideal o si careces de la confianza en ti mismo necesaria para tener éxito en algunas situaciones. Dicho esto, cabe recordar que las personas con alta autoestima no son mejores que las personas con baja autoestima. Esta diferencia de perspectiva simplemente permite a los que tienen más confianza en sí mismos manejar las situaciones de forma más positiva debido a que poseen un sentido más claro de la realidad.

En la infancia, la mayoría de las personas tienen un nivel de autoestima moderado. Sin embargo, a medida que crecen, su autoestima puede aumentar o disminuir en función de factores ambientales como la predisposición genética, la aceptación de su aspecto físico, los problemas de salud mental presentes o en desarrollo, el estatus social, el éxito económico, la cantidad de acoso sufrido, etc.

Alta autoestima

Las personas con alta autoestima defienden sus creencias, pero también están dispuestas a modificarlas cuando se les presenta información nueva y válida. Ser capaz de aceptar y modificar la propia moral en función de nuevos factores indica más confianza en uno mismo que en cualquier doctrina individual. Los individuos con este nivel de confianza también son excelentes a la hora de tomar decisiones, ya que son capaces de confiar en su juicio. Cuando la autoestima de una persona es alta, esta tiende a vivir el presente y a no detenerse en el pasado ni preocuparse por el futuro. Siguen reflexionando sobre las cosas que han sucedido y planifican el futuro, pero no hasta el punto de obsesionarse con cosas que no sean las preocupaciones actuales.

Si bien se puede suponer que quienes tienen más confianza en sí mismos suelen desarrollar complejos de superioridad, esto no es cierto. Las personas con niveles sanos de autoestima suelen considerarse iguales a los demás, no superiores. Esto es el resultado de ser capaces de calibrar claramente sus capacidades cuando se comparan con los que les rodean. Del mismo modo, las personas con alta autoestima comprenden lo valiosas que son para el grupo al que pertenecen. También son, en general, más resistentes a la manipulación y pueden determinar si el trabajo con los demás es una verdadera colaboración o una labor basada en la coacción.

Además, estas personas son más capaces de comprender sus sentimientos, independientemente de que sean emociones positivas o negativas. También están más dispuestas a compartir sus sentimientos cuando es apropiado, y pueden determinar el momento y el lugar adecuado para hacerlo. A pesar de ser una cualidad bastante sutil, ser capaz de sentirse feliz es otro rasgo importante que se observa en las personas con alta autoestima. Una vida equilibrada necesita tanto expresiones positivas como negativas de las emociones, por lo que ser capaz de sentirse feliz es crucial para la salud mental.

Los altos niveles de empatía coinciden con altos niveles de autoestima. Las personas que muestran una gran confianza en sí mismas son más capaces de volcar parte de esa confianza en los demás, lo que se traduce en una comprensión genuina de las emociones de otra persona. Por ello, es menos probable que los individuos con alta autoestima se aprovechen de otra persona. Por otra parte, cuando las personas con una mentalidad tan sana cometen un error, pueden identificar con precisión en qué se equivocaron y son capaces de aceptar la responsabilidad de sus actos en consecuencia.

Baja autoestima

Aunque sea posible invertir los rasgos de la alta autoestima para averiguar qué propiedades determinan la baja autoestima en una persona, es mejor observar directamente estos factores de primera mano. Al hacerlo, es posible ver estos rasgos por lo que son, en lugar de notarlos como la cara opuesta de una moneda psicológica: la cruz de la cara de una autoestima alta.

Las personas con baja autoestima tienden a ser excesivamente críticas consigo mismas y a menudo muestran una gran insatisfacción con su vida. También son muy sensibles a las críticas externas y se resienten fácilmente con quienes les critican. Debido a esto, los individuos con baja autoestima tienen muchos problemas para tomar decisiones y suelen tener pánico a cometer errores. Esto puede dar lugar a una fuerte determinación para buscar la perfección, incluso en situaciones en las que tal objetivo es imposible. Cuando las cosas no salen a la perfección (algo habitual en la vida), las personas con baja autoestima pueden desarrollar un sentimiento de culpa excesivo por no haber sido capaces de conseguir sus objetivos poco realistas.

Este miedo se extiende a las relaciones con otras personas. Las personas que carecen de confianza en sí mismas suelen estar desesperadas por agradar a los demás, ya que desean enormemente la admiración y el respeto de sus iguales. Esa desesperación es un intento inconsciente de inflar la propia autoestima mediante influencias externas. Debido a que están continuamente insatisfechas consigo mismas, las personas con baja autoestima tienden a ser irritables y a enfadarse con rapidez como resultado de estar constantemente frustradas consigo mismas, lo que puede traducirse en una frustración proyectada hacia los que les rodean. Este pesimismo manifiesto puede llevar a estas personas a envidiar a quienes consideran mejor adaptados o con más éxito. Incluso cuando las cosas no van tan mal como podrían, las personas que carecen de un sentido claro de la realidad pueden percibir problemas menores como contratiempos importantes.

Jerarquía de necesidades de Maslow

En 1943, un psicólogo estadounidense llamado Abraham Maslow escribió un documento sobre las necesidades de los seres humanos titulado *Una teoría de la motivación humana*. Sus principales argumentos se conocieron más tarde como la Jerarquía de Necesidades de Maslow. En este documento, Maslow especula tanto sobre las necesidades básicas de todas las personas como sobre sus necesidades avanzadas. Aunque el propio Maslow se limitase a discutir estas necesidades en un sentido más amplio con cierto solapamiento entre niveles, otros han creado una estructura piramidal para los conceptos discutidos que sitúa las necesidades básicas en la base y las avanzadas en la cima. Y es que si bien resulta útil para comprender la prioridad con la que los seres humanos tratan de satisfacer estas necesidades, es más preciso ordenarlas de una forma más dinámica, ya que algunas necesidades varían en importancia entre individuos y culturas diferentes.

Necesidades fisiológicas

Las necesidades más básicas de la jerarquía de Maslow son las que el ser humano necesita para sobrevivir, lo que se conoce como homeostasis. Para empezar, todos los seres humanos necesitan aire para respirar, agua para mantenerse hidratados y alimentos para obtener la energía suficiente para que el cuerpo realice sus funciones biológicas. Además, también es necesario excretar los residuos mediante la defecación y la micción, funciones biológicas integrales en todos los seres humanos. Además, el ser humano necesita dormir para descansar y recuperarse.

También existen factores medioambientales necesarios para que los humanos vivan, como contar con suficiente calor para que el cuerpo no se congele y suficiente luz para que la gente vea bien. A parte de esto, también se incluyen las necesidades que los humanos deben alcanzar por medios tecnológicos, como el refugio y la ropa. Dado que una higiene adecuada es crucial para prevenir enfermedades, también se considera otra necesidad incluida en este nivel.

Necesidades de seguridad

Después de satisfacer sus necesidades fisiológicas, la persona busca satisfacer sus necesidades de seguridad. La seguridad no solo significa evitar el daño físico, sino también el deseo de mantenerse alejado de las amenazas emocionales y financieras. También se tiene en cuenta la salud, ya que hay que evitar enfermar o lesionarse.

Las amenazas a la seguridad de una persona, como las guerras, las catástrofes naturales y las pandemias, hacen que la gente dé prioridad a estas necesidades por encima de todo, excepto de las necesidades fisiológicas. Sin embargo, en muchos casos, las necesidades fisiológicas y de seguridad pueden ir de la mano, lo que ejemplifica la necesidad de observar todas las necesidades de forma dinámica y no como una estricta estructura piramidal.

Necesidades de amor

Una vez satisfechas las necesidades fisiológicas y de seguridad, las personas empiezan a buscar amor y un sentimiento de pertenencia. Esto se debe principalmente a que los humanos son animales sociales y, como tales, tienen ansias mentales de encajar en un grupo compuesto por otros humanos, independientemente del tamaño de ese grupo. Tu instinto de supervivencia te dice que necesitas esas conexiones ya que, en la antigüedad, los humanos necesitaban permanecer juntos para protegerse de los depredadores y ayudarse mutuamente a conseguir comida, agua y cobijo.

En concreto, las necesidades amorosas de una persona abarcan los deseos de formar parte de una estructura familiar, tener amistades platónicas y obtener relaciones románticas íntimas. Tener confianza y sentir aceptación en estos vínculos es crucial para que satisfagan sus necesidades de amor. Además, las relaciones satisfactorias de estas variedades requieren tanto dar como recibir afecto y admiración.

Cuando tus necesidades amorosas no están satisfechas, empezarás a sufrir efectos psicológicos negativos. La soledad, la ansiedad y la depresión pueden surgir de situaciones en las que tus necesidades amorosas no están satisfechas, aunque haya innumerables cantidades de efectos mentales y emocionales perjudiciales que puedan ocurrir.

En este sentido, los niños necesitan que se satisfagan sus necesidades de amor más que los adultos, ya que los menores de edad son más vulnerables, algo de lo que suelen ser muy conscientes. Debido a que los niños se encuentran en un estado de desarrollo constante, su crecimiento mental y emocional puede atrofiarse si pasan demasiado tiempo sin satisfacer sus necesidades de amor. Por ello, algunos individuos son propensos a convertirse en adultos desequilibrados por no recibir suficiente amor de sus padres, cuidadores, amigos y otras personas de su vida.

A menudo, el sexo se incluye en este grupo de necesidades, aunque muchos se opongan a ello. Las necesidades sexuales, aunque biológicamente significativas, no son necesarias para que todos los seres humanos las satisfagan con regularidad.

Prueba de ello es que los seres humanos menores de cierta edad no tienen esta necesidad, ni siquiera la comprenden. Además, hay muchos adultos que practican la abstinencia por muchas razones, ya sea una relacionada con la fe o simplemente el celibato voluntario debido a elecciones personales. El amor y el sexo están relacionados, pero no siempre directamente. Se puede dar y recibir amor, incluso de una pareja romántica, sin tener relaciones sexuales. Por ello, el sexo debe colocarse en este nivel con un asterisco metafórico, indicando que es una necesidad que depende en gran medida de las preferencias de cada persona.

Necesidades de estima

Maslow clasifica las necesidades de estima en categorías inferiores y superiores que se solapan con frecuencia. También indica que las necesidades de estima están estrechamente ligadas a las necesidades de amor. Las necesidades de estima más bajas son las que se refieren a factores externos, como ganarse el respeto de los compañeros, así como otros tipos de atención positiva. El reconocimiento afectivo es importante para que las personas comprendan cómo encajan en un grupo, lo que influye en el éxito de sus relaciones (un aspecto de las necesidades amorosas).

Sin embargo, Maslow sostiene que la necesidad de una autoestima positiva es más prioritaria que la estima obtenida de fuentes externas. La confianza en uno mismo, la independencia y la libertad personal son vitales en este sentido, ya que infunden en las personas el sentimiento de valía que necesitan para estar satisfechas consigo mismas. Estos rasgos están estrechamente relacionados con las necesidades de seguridad, en el sentido de que mantener un nivel saludable de autoestima ayuda a evitar síntomas psicológicos perjudiciales como la depresión y la ansiedad. Por lo tanto, también en este caso está claro que la jerarquía de Maslow es más dinámica de lo que una estructura piramidal permitiría suponer.

Cabe destacar que los niños tienen mayores necesidades de estima que los adultos, al igual que tienen mayores necesidades de amor por ser más vulnerables mental y emocionalmente. Es importante criar a los niños en entornos en los que puedan desarrollar un nivel saludable de autoestima, ya que, de lo contrario, no podrán convertirse en adultos psicológicamente equilibrados. Por ello, corresponde a los padres, cuidadores y profesores reforzar positivamente los pensamientos y sentimientos del niño de forma regular, ya sea a través de la educación o del ocio.

Necesidades de autorrealización

En el nivel más alto de esta clasificación se encuentran las necesidades que giran en torno a la autorrealización o, en otras palabras, aquellas que se basan en la satisfacción de otras necesidades previas y que te permiten desarrollar todo tu potencial como ser humano. Sin embargo, el verdadero potencial en una persona u otra es algo muy subjetivo y depende tanto de los valores, la moral y los objetivos personales. Debido a la gran variabilidad de este nivel, Maslow incluyó posteriormente en él otros aspectos que abarcan las necesidades espirituales, estéticas y cognitivas, además de las más basales.

Estas necesidades de autorrealización más basales contienen el deseo de conseguir una pareja para toda la vida, convertirse en padres y la utilización de las habilidades más valoradas de una persona. Las dos primeras, sin embargo, son excepcionalmente subjetivas, ya que no todo el mundo desea encontrar una pareja romántica a largo plazo o tener hijos. La inclusión de estas dos necesidades aparentes en el argumento inicial de Maslow suscitó algunas críticas por parte de los mismos grupos que debatían la ubicación del sexo en la jerarquía. Obtener una pareja romántica y tener descendencia son instintos biológicos importantes que están arraigados en todos los seres humanos pero, debido a la posibilidad de mantener relaciones sexuales sin procrear y a la disponibilidad de la adopción, estas necesidades no son tan cruciales como se afirmaba inicialmente en *Una teoría de la motivación humana*. Los aspectos añadidos posteriormente -necesidades espirituales, estéticas y cognitivas- son mejores indicadores de lo que realmente implica la autorrealización.

Desde que los humanos desarrollaron la capacidad de medirse a sí mismos y a su entorno de manera más profunda, se han desarrollado doctrinas relativas a poderes superiores. Con el tiempo, estas se convirtieron en religiones, que satisfacen la necesidad de la humanidad de depositar su fe en seres superiores a ellos mismos. Estos actos permiten a las personas liberarse de cierta presión sobre sí mismas, ya que no tienen que responsabilizarse de todo lo que les ocurre. Al satisfacer sus necesidades espirituales, los seres humanos se sienten capaces de tranquilizarse y calmarse en momentos que, de otro modo, no sería posible. Estas necesidades suelen denominarse trascendentes, ya que implican que la persona identifique en su vida el deseo de algo más grande que la humanidad.

Por otra parte, mucha gente utiliza la ciencia en lugar de la fe tradicional para satisfacer sus necesidades trascendentales. Darse cuenta de que el universo surgió a partir de miles de millones de años de factores tremendamente numerosos puede infundir una sensación de humildad que permite reflexionar sobre la gran escala de la vida. Independientemente de que se recurra a la religión o a la ciencia para satisfacer necesidades trascendentes, en ambas se alcanza el mismo objetivo psicológico.

Las necesidades estéticas se refieren al deseo de las personas de rodearse de belleza. Sin embargo, no solo se trata de un vano deseo de gente guapa y cuadros bonitos. Los seres humanos ven la belleza en el propósito, el orden y la estimulación visual positiva. Y es que un árbol en otoño puede ser bello, porque sus colores vibrantes dan significado a una progresión natural del tiempo, del mismo modo que una escultura también puede ser bella porque representa con precisión una figura famosa o un caballo poderoso. Los ojos humanos disfrutan de estas cosas porque la mente busca patrones y razones. Por ese mismo motivo, cuando se encuentran esas cosas, se tiene una sensación de satisfacción. A su vez, esta satisfacción genera efectos psicológicos positivos, como la disminución de los niveles de estrés, el aumento de la felicidad con el propio entorno, etc.

Dado que el cerebro humano es ridículamente activo en comparación con el de la mayoría de las demás formas de vida en la Tierra, la gente necesita esforzarse mentalmente para estar contenta, lo que puede abarcar una gran variedad de actividades, aunque siempre impliquen adquirir y utilizar conocimientos y habilidades específicos. Curiosamente, la búsqueda de respuestas a preguntas, el uso de habilidades prácticas y la contemplación de la vida son ejemplos de cómo satisfacer las necesidades cognitivas. Al igual que ocurre con las necesidades estéticas, las cognitivas te harán sentir satisfecho y, a menudo, feliz.

Capítulo 9: Estudios sobre psicología oscura

Cada vez más, la psicología oscura está siendo relevada como tema de interés por aquellos que buscan comprender los aspectos más siniestros de la mente humana. La creciente frecuencia de estudios que giran en torno a este tema permite a la gente darse cuenta de lo perjudiciales que pueden ser los rasgos negativos que se encuentran dentro de todos los seres humanos hacia objetivos objetivamente, valga la redundancia, positivos. La civilización está plagada de personas que destruyen a propósito el trabajo de los demás, ya sea por algún placer enfermizo o para promover sus objetivos de dominación. Ya sea consciente o inconscientemente, este tipo de personas controladas por sus oscuros pasajeros mentales hacen la vida difícil a quienes les rodean.

Las personalidades oscuras odian los comportamientos proambientales

En un estudio realizado en 2022 por la Universidad de Innsbruck (Austria), los investigadores descubrieron que aquellos que poseen personalidades de la Tétrada Oscura piensan que el comportamiento proambiental es una pérdida de tiempo y dinero. Las personas con este tipo de personalidad se sentían agotadas cuando tenían que tomar decisiones que beneficiaban al medio ambiente a costa de sí mismas. En situaciones en las que se les educaba sobre formas de reducir el consumo de energía y la contaminación, les disgustaba tener que cambiar su estilo de vida para crear cambios globales positivos. Este egoísmo ejemplifica por qué a la humanidad en su conjunto le resulta tan difícil tomar decisiones a favor del medio ambiente, a pesar de que la información sobre alteraciones positivas de nuestros hábitos cotidianos sea abundante. Hay algunos puntos clave que explican por qué cada una de las personalidades de la Tétrada Oscura parece odiar el comportamiento proambiental. En general, todas poseen el rasgo desagradable, lo que las hace menos dispuestas a cambiar o a aceptar nueva información.

En lo que respecta al maquiavelismo, se ha demostrado que los individuos que poseen este tipo de personalidad justifican el consumo de carne frente a opciones menos intensivas en agricultura, como los productos ricos en hierro y proteínas. Esta postura desafiante tiene su origen en que las personas maquiavélicas argumentan que acabar con la vida de otros seres vivos es el propósito de la ganadería y que sería una tontería no aprovecharse de esta industria, a pesar de que esta sección de la producción alimentaria consuma muchos más recursos que el sector centrado en cereales, frutas y verduras.

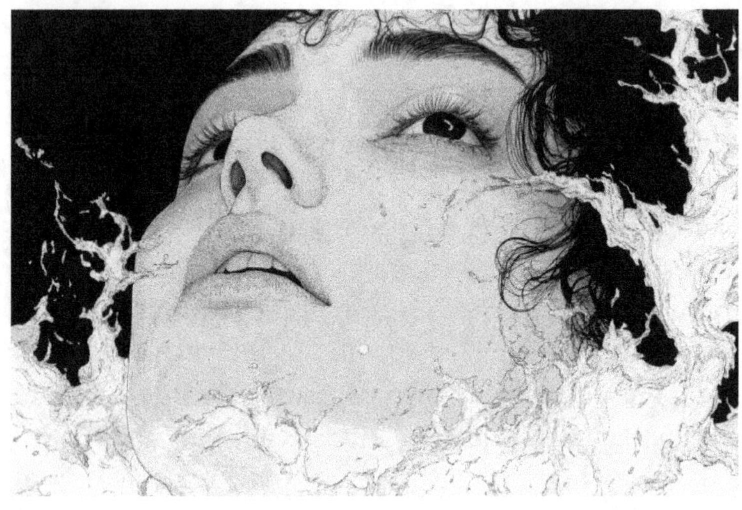

Cuando se examinó a las personas psicópatas en este estudio, su grave falta de empatía simplemente demostró que no están dispuestos a hacer cambios que beneficien a los demás. Como tales, estos individuos frenan a comunidades enteras que sí desean realizar cambios ecológicos positivos por el mero hecho de no hacer cambios dentro de sus estilos de vida. Dicho esto, cabe destacar que los psicópatas que ya encarnan el comportamiento proambiental a través de preferencias personales estaban exentos de observaciones de comportamiento negativo hacia el ecologismo.

Por otro lado, los narcisistas se oponían rotundamente a adoptar enfoques altruistas de comportamiento proambiental, ya que tales actos implicaban anteponer a los demás a sí mismos. En la mayoría de los casos, esto aumentaba su carácter desagradable más allá de la de otras personalidades de la Tétrada Oscura. Sin embargo, cuando se les daba oportunidades de aumentar su estatus social o de obtener beneficios egoístas, los narcisistas estaban muy dispuestos a realizar cambios superficiales en su estilo de vida para adaptarse al comportamiento proambiental.

En cuanto al sadismo, los investigadores descubrieron que los sádicos, al igual que las personas con rasgos psicopáticos, se oponían en su mayoría al comportamiento proambiental por razones similares: apatía general hacia causas que no les benefician directamente. Aunque no se señale en este estudio, existe la teoría de que los sádicos tienden a tirar la basura más a menudo si pueden disfrutar dañando la naturaleza. También es probable que se produzcan comportamientos negativos similares ya que, si un sádico puede observar el sufrimiento causado a través de los ataques al medio ambiente, será más probable que vuelva a buscar esa retorcida sensación de satisfacción.

La perspectiva de los antinatalistas

Aunque muchos consideren que el antinatalismo es una postura un tanto inusual, hay muchas personas que han adoptado este punto de vista, sobre todo las que poseen una personalidad de la Tétrada Oscura. El antinatalismo defiende la idea de que la procreación humana es moralmente incorrecta, a pesar de que producir una siguiente generación de humanos sea vital para la supervivencia de toda la especie. Además, cabe señalar la hipocresía de las personalidades de la Tétrada Oscura, pues intentan adoptar una postura moral con respecto a la supervivencia.

Este estudio, realizado por investigadores de la Universidad de St. Andrews en el Reino Unido, descubrió que, de todas las personalidades oscuras analizadas (maquiavelismo, psicopatía y narcisismo), los individuos maquiavélicos y psicópatas estaban mucho más de acuerdo con los argumentos antinatalistas. Se determinó mediante un estudio inicial y otro de seguimiento que las personas maquiavélicas y psicopáticas estaban de acuerdo con los argumentos antinatalistas debido a que, en general, desvalorizaban la vida en su conjunto, ya sea la vida presente o la vida futura con posibles hijos.

Los narcisistas estaban mucho menos de acuerdo con las opiniones de los antinatalistas, ya que la procreación es algo que aparentemente les beneficia. Tener hijos suele hacer que la gente preste más atención a los padres del niño, lo que concuerda con los objetivos de este tipo de personalidad. Lo mismo puede decirse de las personas embarazadas, así como de las que tienen hijos cerca de la edad adulta. Los narcisistas con hijos pueden utilizar fácilmente a sus descendientes para obtener más atención de diversas maneras lo que, de nuevo, fomenta unos deseos egoístas.

En este estudio no se afirma si la tendencia de los individuos maquiavélicos y psicópatas a estar de acuerdo con las perspectivas antinatalistas puede o no afectar a las tasas de natalidad mundiales o nacionales. Sin embargo, si esos argumentos se presentaran a las masas a través de los medios de comunicación o políticos, es probable que gran parte de la población nacional que posea rasgos maquiavélicos y psicopáticos intentara imponer las ideas del antinatalismo en detrimento de las tasas de natalidad globales.

En una nota relacionada, es probable que las personas maquiavélicas y psicópatas malinterpreten muchas obras de humor conmovedor sobre la cuestión de las poblaciones humanas. Por ejemplo, si estas personas leyeran *Una modesta proposición* de Jonathan Swift (que argumenta satíricamente que los hijos de los pobres deberían comerse para reducir la presión económica), probablemente estarían de acuerdo con estas ideas claramente ridículas. Estos peligrosos malentendidos pueden ser problemáticos para la sociedad en su conjunto, aunque, de manera morbosa, sean innegablemente entretenidos.

Extremismo violento frente a la injusticia política

La violencia política puede ser un posible rasgo de aquellos que poseen personalidades de la Tétrada Oscura; sin embargo, hasta hace poco no se conocía del todo su alcance exacto. Investigadores del Instituto de Ciencias Sociales Ivo Pilar de Croacia realizaron un estudio que ayudó a arrojar algo de luz sobre el potencial extremista de las personalidades oscuras. Dentro de un grupo de 279 estudiantes de varias universidades croatas, los investigadores descubrieron principalmente que los que poseían personalidades de la Tétrada Oscura eran más propensos a recurrir a las amenazas personales, al vandalismo, al uso de la fuerza física y al uso de armas de fuego cuando se encontraban teóricamente en una situación de privación derivada de fuentes políticas. Para estar seguros de las primeras conclusiones, los investigadores realizaron otro estudio con un grupo de 461 personas, aunque los resultados fueron muy similares a los del estudio anterior.

Los investigadores no solo examinaron a quienes poseían personalidades de la Tétrada Oscura, sino también a quienes no las tenían. De hecho, al estudiar a quienes no poseían este tipo de personalidades, se descubrió que solamente aquellos que se sentían en un estado de privación eran, también, más propensos a la violencia política. Sin embargo, cuando había una superposición de personas que creían estar privadas y poseer una personalidad de la Tétrada Oscura, los investigadores descubrieron que esta combinación en los humanos era excepcionalmente más propensa a recurrir al extremismo. Así, los individuos que se declaraban privados y poseían personalidades de la Tétrada Oscura acabaron siendo el grupo con más probabilidades de cometer actos políticamente violentos.

Personalidades que se entrometen en las parejas románticas

Es cierto que la familia y los amigos pueden apoyar las relaciones románticas; sin embargo, si estos llegasen a poseer una personalidad de la Tétrada Oscura, pueden llegar a resultar perjudiciales para las conexiones íntimas. Investigadores de la Universidad Azusa Pacific de EE.UU. realizaron dos estudios para determinar qué tipos de personalidad oscura eran los más propensos a interferir negativamente en la relación romántica de las parejas que conocían. Para calibrar cómo interfería negativamente un individuo, y en qué medida se producían las interferencias, se utilizaron tres tipos de manipulación: la medida en que la parte que interfiere permite a las parejas invertir tiempo en un compromiso, reduce la satisfacción de una persona en la relación para beneficiar a la otra, y sugiere alternativas a la relación actual a uno de los miembros de la pareja.

En ambos estudios -el primero examinó a un grupo de 206 personas y el segundo a un grupo de 180- los investigadores descubrieron que los individuos narcisistas y sádicos eran los más propensos a interferir negativamente en una relación de pareja. Sin embargo, las personas maquiavélicas y psicopáticas interferían menos. En cuanto a los individuos narcisistas, se descubrió que afirmaban saber lo que era mejor para el miembro de la pareja que conocían, lo que utilizaban para justificar su interferencia. En concreto, las personas narcisistas se dedicaron especialmente a reducir la satisfacción de un miembro de la pareja para obtener atención positiva del otro restante. Al considerar a las personas sádicas dentro del estudio, se descubrió que estos sugerían activamente que un miembro de la pareja que conocían podía encontrar una pareja mejor que la persona con la que estaban actualmente, como una forma de dañar al miembro de la pareja que les desagradaba. Este comportamiento concuerda con los objetivos de un sádico, en el sentido de que obtiene placer causando problemas al menos a un miembro de una pareja comprometida.

Se descubrió que las personas maquiavélicas del estudio se entrometían en una relación romántica solamente si les beneficiaba de alguna manera, como obtener la oportunidad de entablar él mismo una relación romántica con uno de los dos miembros de la pareja o beneficios similares. La personalidad de la Tétrada Oscura con menos probabilidades de interferir en una relación de pareja son las personas que muestran psicopatía. Se determinó que, a estas personas, que característicamente carecen de empatía, simplemente no les importaba tanto el estado sentimental de sus familiares y amigos.

El menoscabo de las relaciones románticas puede causar grandes conflictos en cualquier vínculo íntimo. Por lo tanto, si crees que tu relación está en peligro debido a intervenciones negativas de amigos y familiares, debes dejar claras esas amenazas a tu pareja para que ambos puedan evitar ser separados por quienes poseen personalidades de la Tétrada Oscura.

La desinformación médica se utiliza para manipular a los adolescentes

Los individuos con personalidades oscuras no son la única amenaza de la que hay que desconfiar. A día de hoy, un gran número de empresas intentan manipular a la gente para que compre sus productos y servicios, a veces incluso a través de información falsa. Desde el comienzo de la pandemia del Covid-19, se han disparado y aumentado los casos de este tipo de manipulación en relación con las noticias médicas que se comparten en internet. Según investigadores de la Universidad Comenius de Bratislava (Eslovaquia), el grupo demográfico más vulnerable a estas amenazas es el de los adolescentes.

En este estudio se mostraron tanto mensajes médicos falsos como verdaderos a 300 estudiantes de secundaria de entre 16 y 19 años. Estos se clasificaron en tres categorías: mensajes sanitarios falsos, mensajes neutros verdaderos (información de alcance neutro y con conocimientos generales frente a contenido informativo) y mensajes médicos verdaderos. En este grupo, el 41% consideró que los mensajes falsos y los mensajes neutros verdaderos eran igual de fiables, mientras que el otro 11% creía que los mensajes falsos eran más fiables que los mensajes neutros verdaderos. Esto significa que el 52% de los sujetos de este estudio no valoraron con precisión la veracidad de los mensajes mostrados. Esta preocupante estadística deja claro que los adolescentes son más susceptibles a la desinformación en línea que los adultos, a pesar de que la generación más joven está, en general, más familiarizada con internet.

Los investigadores descubrieron que los adolescentes se dejaban engañar por los mensajes falsos porque no tenían en cuenta elementos editoriales, como la gramática correcta o la profesionalidad del formato de un mensaje a la hora de decidir si algo era de fiar o no. El único factor que los adolescentes del estudio tuvieron en cuenta fue si el título del mensaje era o no "clickbait". En la mayoría de los casos, los adolescentes fueron capaces de identificar los mensajes "clickbait como falsos cuando, en efecto, eran de naturaleza falsa. El caso es que existe una falta de pensamiento analítico y razonamiento científico en los jóvenes a la hora de consumir contenidos en línea.

Teniendo en cuenta que el 71% de los adolescentes utiliza internet, la amenaza potencial en la salud de las generaciones más jóvenes es aún más grave. Al ser manipulados mediante la difusión de información médica errónea, es probable que cada vez más adolescentes tomen medidas inseguras al intentar protegerse de enfermedades y dolencias.

La razón por la que tantas empresas utilizan la desinformación para conseguir vender sus productos y servicios es que les resulta económicamente beneficioso. A estas codiciosas organizaciones no les importa si la gente sale perjudicada o no; únicamente les importan los ingresos netos. Al haber una grave falta de moderación informativa en los anuncios y mensajes en línea -incluso los médicos-, estas empresas son capaces de salirse con la suya con mentiras descaradas. Esta desinformación también puede ser una amenaza para otro tipo de grupos demográficos además de los adolescentes, aunque estos aspectos no se analizaron en este estudio concreto. Las personas con menos conocimiento sobre los medios de comunicación en línea, como los ancianos y los adultos de mediana edad que no utilizan internet con frecuencia son también, claramente, susceptibles a las mentiras médicas. Por ello, siempre es importante coger con pinzas todo lo que se lee en internet. Si alguna vez dudas de la credibilidad de una información que se te presenta en internet, asegúrate de buscar otras fuentes para comparar los hechos y poder distinguir lo que es verdad de lo que es mentira.

Capítulo 10:
Manipulación a gran escala

Después de conocer algunos de los aspectos más significativos de la psicología oscura, así como algunos estudios que han ayudado a profundizar en nuestra comprensión del lado siniestro de la mente humana, es importante obtener aún más contexto del mundo real para comprender del todo los temas tratados. De ese modo, tu alcance en la materia se ampliará lo suficiente como para permitirte advertir influencias umbrías tanto cercanas como lejanas. En el siguiente capítulo se analizan hechos reales, al igual que en el anterior se exploraron estudios reales. Aquí no encontrarás conspiraciones ni falsedades, solo la pura verdad.

Proyecto MKUltra

El Proyecto MKUltra, posiblemente uno de los proyectos menos éticos emprendidos por la CIA (Agencia Central de Inteligencia) estadounidense, fue un proceso ilegal que implicó múltiples casos de funcionarios del gobierno que investigaron y desarrollaron procedimientos y fármacos que se utilizaron principalmente para lavar el cerebro y torturar psicológicamente a las personas. El proyecto comenzó en 1953 y continuó hasta 1973, lo que significa que existieron dos décadas completas en las que se permitió a los agentes de la CIA hacer lo que quisieran en nombre de la protección del país, a pesar de que muchos ciudadanos estadounidenses fueran los sujetos de los inmorales experimentos realizados.

Algunos de los experimentos se realizaron contra la voluntad de los sujetos o incluso sin que estos lo supieran en absoluto. Entre ellos se incluía la administración encubierta de drogas psicoactivas, como el LSD, aunque su alcance y finalidad era muy variado. También se llevaron a cabo experimentos de electrochoque, hipnosis, privación sensorial y aislamiento. Peor aún, durante esos años también se desarrollaron muchos métodos de tortura. Entre 1953 y 1973, al parecer, miles de estadounidenses y canadienses fueron sujetos involuntarios de unos experimentos llevados a cabo por la CIA para el Proyecto MKUltra. Todos estos experimentos se llevaron a cabo bajo un velo de investigación en el que nunca se reveló a los participantes su verdadera naturaleza. Además del ejército, se utilizaron otras instituciones para llevar a cabo estos experimentos, como escuelas postsecundarias, prisiones, hospitales y empresas farmacéuticas. Además, la CIA creó frentes para disfrazarse de funcionarios no gubernamentales con el fin de no levantar tantas sospechas.

Hacia el final del Proyecto MKUltra, el entonces director de la CIA, Richard Helms, ordenó en 1973 la destrucción del mayor número posible de documentos clasificados para evitar repercusiones debido a las acciones inmorales de la CIA. Hasta 1975 no se tomaron medidas para investigar los abominables actos de la CIA. Grupos gubernamentales estadounidenses, entre ellos el Comité Church y la Comisión Rockefeller (ambos creados específicamente para investigar internamente a organizaciones gubernamentales) recibieron el encargo de desvelar todo lo posible sobre los experimentos de la CIA. Inicialmente, el Comité Church y la Comisión Rockefeller solamente pudieron obtener información a través del testimonio directo de agentes de la CIA implicados en los experimentos, sin embargo, en 1977, una solicitud realizada a través de la Ley de Libertad de Información permitió descubrir miles de documentos relacionados con el proyecto que no habían sido destruidos por orden de Richard Helms en 1973. Gracias a estos testimonios y a los documentos que se pudieron encontrar, la gente ha podido conocer hechos fidedignos sobre este horrible proyecto y sus muchas otras acciones atroces.

Algunas de las sustancias, materiales y procedimientos investigados que alteran la mente

Principalmente, los procedimientos y drogas probados a través del Proyecto MKUltra estaban destinados a ser utilizados durante los interrogatorios, aunque también fueron utilizados por la CIA para desacreditar e inutilizar amenazas potenciales. Por desgracia, los nombres de las sustancias y materiales utilizados se perdieron debido a la purga de documentos cruciales llevada a cabo por Helms en 1973, aunque las descripciones de los mismos permanezcan lo suficientemente intactas como para que su existencia sea innegable. He aquí una lista de las sustancias y materiales con los que más experimentó la CIA durante el Proyecto MKUltra:

- Sustancias que aumentan el pensamiento ilógico
- Sustancias que aumentan la impulsividad
- Materiales que evitan los efectos intoxicantes del alcohol
- Materiales que contrarrestan los efectos intoxicantes del alcohol
- Materiales que favorecen los efectos embriagadores del alcohol
- Materiales que generan síntomas temporales de enfermedades conocidas
- Materiales que aumentan la eficacia de la inducción hipnótica
- Sustancias que aumentan la resistencia de un sujeto a los interrogatorios y la tortura
- Materiales que producen amnesia temporal
- Métodos físicos para infligir *shock* y confusión a los sujetos
- Sustancias que provocan discapacidades físicas en los sujetos
- Sustancias que inducen sensaciones de euforia permanente

- Sustancias que alteran la mente de un sujeto para hacerlo más dependiente de los demás
- Materiales que dificultan que los sujetos defiendan sus mentiras cuando se les interroga
- Sustancias que disminuyen la ambición y la motivación del sujeto
- Sustancias que disminuyen la eficacia de los sentidos físicos del sujeto
- Sustancias en forma de píldora que pueden dejar inconsciente a un sujeto e inducirle una amnesia leve.
- Materiales que pueden disminuir permanentemente las habilidades motoras de un sujeto

Los experimentos con LSD

Además de las sustancias antes mencionadas -aún sin nombre-, durante el Proyecto MKUltra estaba bien establecido que, en numerosos experimentos, se utilizara LSD (dietilamida del ácido lisérgico). El LSD se utilizó abiertamente con participantes voluntarios, como agentes de la CIA y miembros del ejército, y de forma encubierta con prácticamente cualquier persona que la CIA pudiera usar en contra de su voluntad. En estos últimos casos, pacientes psiquiátricos, prisioneros, drogadictos y prostitutas fueron sometidos a dosis de LSD contra su voluntad o mediante coacción, ya que se trataba de individuos que no podían defenderse. En al menos un caso, un desafortunado paciente mental de Kentucky, EE.UU., fue sometido a dosis de LSD durante 174 días consecutivos. Este tipo de tratamiento psicológicamente inestable demuestra innegablemente la falta de remordimientos por parte de los agentes de la CIA de esta época con respecto a sus compatriotas estadounidenses. Tales actos no solo carecían por completo de moralidad, sino que además eran muy ilegales ya que, tras la conclusión de la Segunda Guerra Mundial, Estados Unidos había aceptado como ley el Código de Nuremberg, que establecía directrices estrictas sobre lo que se consideraban prácticas experimentales éticas.

Otro experimento notable fue la Operación Clímax de Medianoche, en la que la CIA instaló burdeles en algunos de sus pisos francos y dosificó LSD a los clientes masculinos para luego observar discretamente su comportamiento mediante el uso de espejos unidireccionales. Aunque no se trate de un experimento con nombre propio, también hubo algunos que se centraron en los drogadictos de forma similar. Mediante la utilización de participantes manipulados, la CIA sobornaba a heroinómanos para que tomaran grandes dosis de LSD prometiéndoles más heroína.

En cuanto a la dosificación no consentida de LSD aplicada a los propios miembros de la CIA, existe un gran número de informes de químicos de alto rango que dosificaban la droga de forma secreta y aleatoria a sus subordinados para obtener datos espontáneos no contaminados. Durante un tiempo, ir a trabajar a la CIA significaba recibir una dosis inesperada de LSD en el café o a través de otra fuente sutil. Esto dio lugar a algunos sucesos caóticos, como agentes que enloquecerían temporalmente debido a alucinaciones o que se suicidarían como resultado de viajes depresivos con ácido. Tras estos resultados, la CIA consideró que el uso del LSD era demasiado impredecible como para que mereciera la pena utilizarlo en la mayoría de las circunstancias.

Campañas susurrantes

Una campaña de rumores es una forma de persuasión secreta en la que se difunden rumores sobre determinadas personas o empresas para dañar su imagen pública y su credibilidad o, por el contrario, para inculcar la idea de que son beneficiosas por un motivo u otro. Estos rumores se difunden de forma anónima, ya que sus fuentes desean permanecer desconocidas. Las dos situaciones en las que más se utilizan las campañas de rumores son el márquetin y la política.

En lo que respecta al márquetin, las campañas de susurros se utilizan sobre todo para aumentar sutilmente el atractivo de los productos o servicios de una empresa mediante donaciones anónimas a personas influyentes como blogueros y otras personas famosas. Suelen adoptar la forma de patrocinio para dichos blogueros o personas famosas, aunque normalmente no se revelen al público.

Trucos sucios en Carolina del Sur

Sin embargo, las campañas de rumores son posiblemente más comunes en política y se utilizan como una variante más sutil de las campañas de desprestigio. Un ejemplo notable tuvo lugar durante las primarias presidenciales republicanas del año 2000, cuando el senador John McCain se convirtió en el blanco de un rumor sobre la paternidad de un hijo ilegítimo. Con ello se pretendía hacer parecer a McCain como un adúltero para hacerle perder apoyos. A lo largo de la campaña de rumores, se crearon muchas encuestas anónimas para preguntarle al público si sería o no probable que votaran a McCain sabiendo que había sido padre de un hijo ilegítimo. Además, personas desconocidas llamaron a muchas emisoras de radio para hacer la misma pregunta a los presentadores de los programas de entrevistas.

Más tarde se supo que fue Karl Rove, un estratega que trabajaba para George W. Bush (el principal rival político de McCain en aquel momento) quien inició esta particular campaña de cuchicheos. Dado que la hija adoptiva de McCain tiene una piel notablemente oscura por ser de Bangladesh, se convirtió en una herramienta que Rove intentó utilizar en su contra. La idea detrás del rumor era insinuar que la hija de McCain, Bridget, era en realidad su hija biológica, una que McCain había engendrado, a pesar de que John McCain y su esposa Cindy no hubieran conocido a Bridget hasta que la vieron por primera vez siendo un bebé enfermo en el orfanato Madre Teresa de Bangladesh, y tras lo cual la llevarían a Estados Unidos para que recibiera tratamiento médico y la adoptaran formalmente más tarde.

Mobbing

El *mobbing* es un término sociológico utilizado para describir las acciones de un grupo que ataca física, mental y emocionalmente a un individuo. Estos ataques pueden producirse en cualquier entorno público, como escuelas, lugares de trabajo, barrios suburbanos, etc, aunque también cabe decir que este comportamiento dista mucho de ser exclusivo de los humanos, pues aves, ballenas, peces y otros animales no humanos muestran comportamientos casi idénticos en determinadas circunstancias. En los humanos, el *mobbing* puede abarcar actos como difundir rumores, utilizar la intimidación, humillar al objetivo, así como herir físicamente a la víctima y otros esfuerzos agresivos.

El entorno escolar suele ser uno especialmente duro en el que puede darse el comportamiento de *mobbing*. En la mayoría de los casos, se trata de una forma de acoso en grupo en la que una persona es el blanco por diversos motivos (por ejemplo, porque sus compañeros la consideran "empollona") y es atacada de alguna manera. Es posible que se produzcan agresiones físicas, pero lo más frecuente es que se utilicen insultos, rumores y aislamiento para perjudicar a la víctima.

A medida que avanza la era de internet, el *mobbing* en línea también se ha convertido en un comportamiento algo común, ya que es mucho más fácil de hacer que en persona y las repercusiones son menores. Las redes sociales pueden estar plagadas de este tipo de interacciones, sobre todo cuando una persona popular denuncia a otra por cualquier motivo. Una vez establecido el objetivo, los seguidores de la persona popular pueden inundar a la víctima con comentarios de odio durante periodos de tiempo indeterminados. En los casos más graves, la única opción para la víctima es abandonar la plataforma en línea temporal o permanentemente.

Los orígenes del comportamiento mobbing

En los humanos, este tipo de comportamiento suele ser iniciado por figuras de autoridad o personas en funciones de liderazgo con el objetivo de castigar, convertir o desterrar a un individuo que se considera, de alguna manera, una amenaza. Sin embargo, este comportamiento no empezó en los humanos, ya que de hecho es típico de muchos animales.

En particular, las aves utilizan el *mobbing* para defenderse de los depredadores. Por ejemplo, se han observado cuervos que se agrupan para ahuyentar a los halcones. Sin embargo, se han observado otros usos del *mobbing* en las aves, como el uso de esta táctica para obligar a otras especies a alejarse de las fuentes de alimento o agua.

Por otro lado, el *mobbing* también se ha observado en algunas especies de mamíferos. Por ejemplo, las ardillas de tierra de California se agrupan y patean repetidamente la cara de las serpientes de cascabel y las serpientes de tierra para impedir que rastreen a sus presas. Además, se ha descubierto que las ballenas jorobadas acosan con frecuencia a las orcas durante sus cacerías. Incluso los animales de sangre fría, como algunas especies de peces, practican el acoso. Los pargos que viven en agua dulce se agrupan para acosar a las tortugas mordedoras, a pesar de que estos depredadores son capaces de matar fácilmente a muchos de ellos.

Tras observar estos ejemplos, queda claro que el *mobbing* es una forma de comportamiento de grupo destinada a proteger a una comunidad y que se utiliza principalmente a la defensiva. Incluso en los casos en que los humanos lo utilizan en entornos sociales, el *mobbing* se origina como una medida de seguridad, aunque acaba pareciendo una acción mucho más agresiva que muchas otras alternativas de protección. Además, como los humanos pueden pervertir los instintos biológicos y de supervivencia más fácilmente que otros animales, esta táctica normalmente defensiva puede utilizarse como ataque si se organiza en las situaciones adecuadas.

Conclusión

Ahora que conoces y eres más consciente del lado oscuro de la mente humana, puedes protegerte mejor de las amenazas entrantes, sean cuales sean. Estés donde estés y seas quien seas, te enfrentarás a desafíos mentales y emocionales que a veces puedan provenir de quienes pretendan hacerte daño. Sin embargo, con los conocimientos adquiridos en este libro, ahora sabes cómo evitar, desviar y contrarrestar a cualquier enemigo que se cruce en tu camino.

Tu comprensión de la psicología oscura te preparará ante cualquier cosa que puedas observar y comprender. Utiliza las técnicas que te hemos enseñado de la manera correcta y todo irá bien. Nunca olvides hacer las preguntas correctas y pensar críticamente, ya que estas son las formas ideales de identificar y categorizar las amenazas. No te conviertas en una víctima, ya que te mereces mucho más que ser atacado, siempre y cuando vivas tu vida según un código moral. Lo que sea depende de ti, pero mientras no implique dañar a otros, no habrá nada malo en la forma en que elijas vivir.

Si ves que sigues cayendo en las garras de un manipulador, ya sabes cómo liberarte. Averigua cómo te están controlando y toma medidas para romper las cadenas mentales y emocionales que te atan. Solo entonces podrás recuperar la confianza en ti mismo e iniciar el proceso de sanación. Confía en ti mismo y en tus seres queridos para desarrollar tanto una imagen sana de ti mismo como de unas relaciones duraderas. Nadie vive solo en este planeta, así que no deberías intentarlo: siempre habrá alguien con quien establecer vínculos y crecer.

Ninguna manipulación, ya sea luz de gas, chantaje emocional u otro tipo, puede derrotarte. Ahora ya sabes cómo se comportan los abusadores potenciales, lo que significa que puedes vencerlos si actúas en consecuencia. No te dejes someter a los caprichos de alguien mediante sugerencias, persuasiones u otras formas de coacción, ya que tienes un espíritu inquebrantable que no se dejará dominar fácilmente.

A través de las habilidades para evitar y disolver relaciones tóxicas, ya puedes formar otras más sanas para evitar la proximidad con quienes abusarían de ti. Así, no caerás en la espiral descendente de la soledad, mientras sigas mirando hacia arriba y avanzando. Quiérete a ti mismo o misma y satisface todas tus necesidades más importantes. En ese momento, serás capaz de satisfacer necesidades cada vez más elevadas hasta alcanzar la autorrealización, e incluso la trascendencia.

Si alguna vez pierdes el rumbo, no dudes en buscar ayuda. Hay quienes se preocupan por ti y desean ayudarte. Aunque estén fuera de tu alcance, siempre puedes contar con un profesional si la situación te parece demasiado grave. Donde hay voluntad, hay un camino, como dijo una vez un sabio. Puede ser duro, ¡pero por eso hay que ser más duro! Esta evolución lleva su tiempo, así que ten paciencia: al final lo conseguirás.

Ni siquiera la sociedad puede pararte. Ya has leído de lo que son capaces las masas cuando se las persuade lo suficiente. No te conviertas en una oveja descarriada; sé el pastor que te guíe a ti y a los que te rodean hacia pastos más verdes de satisfacción mental y emocional. Inicia una tendencia positiva siendo tú mismo e influyendo en los demás con acciones altruistas. Tú puedes mejorar las cosas, ¡y deberías hacerlo!

La Tétrada Oscura está ahí fuera, y siempre lo estará, pero ya no tienes por qué temerles. Los narcisistas intentarán impresionarte, no dejes que te engañen. Los psicópatas intentarán dominarte:

aléjalos a todos. Los demonios maquiavélicos tratarán de doblegarte para que les rindas pleitesía; expúlsalos con la luz de la confianza en ti mismo. Los sádicos intentarán hacerte daño, así que protégete con un escudo de palabras y un manto de determinación.

La influencia de los medios de comunicación y de la política puede ser difícil de evitar en una época dominada por la presión de todas las fuentes, incluida internet. Sin embargo, en este libro se han desvelado sus tácticas más retorcidas, por lo que ahora podrás evitar dejarte guiar por posibles manipuladores. A partir de ahora, los trucos publicitarios te parecerán poco convincentes y predecibles, lo que significa que ya no podrán engañarte con promesas vacías e ideales fantasiosos. Los políticos tampoco podrán coaccionarte para que votes por ellos, ya que ahora puedes ver a través de los megalómanos e identificar a aquellos que realmente quieren hacer del mundo un lugar mejor.

Siempre habrá desafíos en la vida; sin embargo, no son nada que no puedas superar con perseverancia y pensamiento crítico. La complejidad puede generar confusión y dudas, así que utiliza tu mente ahora afilada para llegar al corazón de cualquier dilema y dispersar cualquier mala voluntad e intenciones siniestras. Es hora de empezar a vivir sin miedo.

En Relove Psicología os hemos entregado la mejor información posible, queridos lectores, al igual que a todos nuestros clientes. A través de consejos probados y comprobados basados en estudios psicológicos reales, documentos y experiencia, estamos seguros de que ahora estás mejor preparado que nunca para superar la oscuridad que acecha tanto en tu mente como en las de todos los demás en este planeta.

Como nota final, queremos recordarte que seas siempre fiel a ti mismo. Tú eres el mejor tú, ¡y el único tú! Nadie es mejor para vivir tu vida, como nadie más puede hacerlo. Recorre el camino que elijas y toma las decisiones que te acerquen a la felicidad. En cuanto a lo que significa la felicidad: eso también depende de ti. La libertad es el don con el que todos nacimos, y es tu prerrogativa definir tu libertad de pensar, sentir y actuar. Ahora estás más que preparado para tomar las riendas de tu vida, ya que ahora tus ojos pueden disipar los sudarios de mentiras que proliferan por la Tierra. Respira hondo y da el siguiente paso: te espera una aventura envalentonada a través de una mente clara y un corazón fuerte. Cuídate y disfruta de tu propio viaje por este maravilloso mundo.

Referencias

Banks, A. (2008, 14 de enero). *Trucos sucios, Carolina del Sur y John McCain*. Www.thenation.com. https://www.thenation.com/article/archive/dirty-tricks-south-carolina-and-john-mccain/

Bariso, J. (2015, 24 de noviembre). *Un agente del FBI comparte 9 secretos para leer a las personas*. Inc.com; Inc. https://www.inc.com/justin-bariso/an-fbi-agents-9-ways-to-read-people.html

Baumeister, R. F. (2013). *Autoestima*. Springer Science & Business Media.

Besharov, D. J. (1990). *Recognizing child abuse : a guide for the concerned*. Free Press ; Toronto.

Chabrol, H., Van Leeuwen, N., Rodgers, R., & Séjourné, N. (2009). *Contribuciones de los rasgos de personalidad psicopáticos, narcisistas, maquiavélicos y sádicos a la delincuencia juvenil.* Personality and Individual Differences, 47(7), 734-739. https://doi.org/10.1016/j.paid.2009.06.020

Cherry, K. (2022, 18 de enero). *Por qué puede tener problemas de confianza y cómo superarlos*. Verywell Mind. https://www.verywellmind.com/why-you-may-have-trust-issues-and-how-to-overcome-them-5215390#toc-how-to-overcome-trust-issues

Chung, M. C., Farmer, S., Grant, K., Newton, R., Payne, S., Perry, M., Saunders, J., Smith, C., & Stone, N. (2002).

Autoestima, personalidad y síntomas de estrés postraumático tras la disolución de una relación de pareja. Stress and Health, 18(2), 83-90. https://doi.org/10.1002/smi.929

Cohen, S. (1985). *LSD: The Varieties of Psychotic Experience.* Journal of Psychoactive Drugs, 17(4), 291-296. https://doi.org/10.1080/02791072.1985.10524333

Collisson, B., Howell, J. L., & Monleon, J. (2021). *Meddling friends and family: Dark Tetrad traits predict interference in disliked couples' romantic relationships.* Journal of Social and Personal Relationships, 38(7), 2008-2028. https://doi.org/10.1177/02654075211001127

Coss, R. G., & Biardi, J. E. (1997). *Individual Variation in the Antisnake Behavior of California Ground Squirrels (Spermophilus beecheyi).* Journal of Mammalogy, 78(2), 294-310. https://doi.org/10.2307/1382883

Davenport, N., Schwartz, R. D., & Elliott, G. P. (2005). *Mobbing : abuso emocional en el lugar de trabajo estadounidense.* Civil Society Pub.

Dean, J. (2022, 24 de julio). *9 maneras de resistirse a la persuasión.* PsyBlog. https://www.spring.org.uk/2022/07/resist-persuasion.php

Dilts, R. (2017). *Raíces de la programación neurolingüística.* Dilts Strategy Group.

Dominey, W. J. (1983). *Mobbing in Colonially Nesting Fishes, Especially the Bluegill, Lepomis macrochirus.* Copeia, 1983(4), 1086. https://doi.org/10.2307/1445113

Forward, S., y Frazier, D. (1997). *Emotional blackmail : when the people in your life use fear, obligation, and guilt to manipulate you.* Harpercollins Publishers.

Foster, S., Estados Unidos. Congreso. Senate. Select Committee On Intelligence, & Estados Unidos. Senate. Senate. Comité de Recursos Humanos. (2009). *Proyecto MKULTRA, el programa de investigación de la CIA sobre modificación del comportamiento*. Lulu.

Gorman, J. (2012, 17 de diciembre). *Huesos antiguos que cuentan una historia de compasión*. The New York Times. https://www.nytimes.com/2012/12/18/science/ancient-bones-that-tell-a-story-of-compassion.html

Greškovičová, K., Masaryk, R., Synak, N., & Čavojová, V. (2022). *Superlativos, "clickbaits", apelaciones a la autoridad, mala gramática o negrita: ¿Está relacionado el estilo editorial con la credibilidad de los mensajes de salud en línea?* Frontiers in Psychology, 13. https://doi.org/10.3389/fpsyg.2022.940903

Gullickson, T. (1993). *Revisión de Solution-Oriented Hypnosis: An Ericksonian Approach*. Contemporary Psychology: A Journal of Reviews, 38(7), 756-756. https://doi.org/10.1037/033556

Heinrich, L. M., y Gullone, E. (2006). *The clinical significance of loneliness: A literature review*. Clinical Psychology Review, 26(6), 695-718. https://doi.org/10.1016/j.cpr.2006.04.002

Holland, K. (2018, 13 de febrero). *Cómo reconocer los signos de manipulación emocional y qué hacer*. Healthline; Healthline Media. https://www.healthline.com/health/mental-health/emotional-manipulation

K Daniel O'leary, & Maiuro, R. D. (2001). *Psychological abuse in violent domestic relations*. Springer.

Kenrick, D. T., Goldstein, N. J., & Braver, S. L. (2012). *Seis grados de influencia social : ciencia, aplicación y la psicología de Robert Cialdini.* Oxford University Press.

Kesenheimer, J. S., y Greitemeyer, T. (2022). *Going Green Is Exhausting for Dark Personalities but Beneficial for the Light Ones: An Experience Sampling Study That Examines the Subjectivity of Pro-environmental Behavior.* Frontiers in Psychology, 13. https://doi.org/10.3389/fpsyg.2022.883704

Kirsch, I. (1996). *Hypnotic enhancement of cognitive-behavioral weight loss treatments-Another meta-reanalysis.* Journal of Consulting and Clinical Psychology, 64(3), 517-519. https://doi.org/10.1037/0022-006x.64.3.517

Kübler-Ross, E. (2002). *Sobre la muerte y el morir ; Preguntas y respuestas sobre la muerte y el morir ; Sobre la vida después de la muerte.* Quality Paperback Book Club.

Lee, M. A., & Shlain, B. (1992). *Acid dreams : the complete social history of LSD.* Grove Press.

Lorenz, K. (1966). *Sobre la agresión.* Traducido por Marjorie Latzke. Londres, Methuen & Co.

Maquiavelo, N. (2016). *El príncipe.* Xist Publishing.

Marks, J. (1978). *La búsqueda del "Candidato de Manchuria".* Crown.

Maslow, A. H. (1943). *A Theory of Human Motivation (Una teoría de la motivación humana).* Psychological Review, 50(4), 370-396. https://doi.org/https://doi.org/10.1037/h0054346

Maslow, A. H., Frager, R. y Fadiman, J. (1987). *Motivation and Personality.* Pearson College Division.

Millon, T., Millon, C. M., Meagher, S. E., Grossman, S. D., & Ramnath, R. (2012). *Trastornos de la personalidad en la vida moderna.* John Wiley & Sons.

Murthy, V. H. (2020). *Juntos : el poder curativo de la conexión humana en un mundo a veces solitario.* Harper Wave, un sello de HarperCollins.

Norton, R., y David Allen Brenders. (1996). *Comunicación y consecuencias.* Psychology Press.

Nowland, R., Necka, E. A., & Cacioppo, J. T. (2017). *Soledad y uso social de Internet: Vías para la reconexión en un mundo digital?* Perspectives on Psychological Science, 13(1), 70-87. https://doi.org/10.1177/1745691617713052

O'Boyle, E. H., Forsyth, D. R., Banks, G. C. y McDaniel, M. A. (2012). *Un meta-análisis de la Tríada Oscura y el comportamiento laboral: Una perspectiva de intercambio social.* Journal of Applied Psychology, 97(3), 557-579. https://doi.org/10.1037/a0025679

Pai, H.-C., & Lee, S. (2011). *Factores de riesgo de violencia laboral en enfermeras clínicas registradas en Taiwán.* Journal of Clinical Nursing, 20(9-10), 1405-1412. https://doi.org/10.1111/j.1365-2702.2010.03650.x

Patterson, D. R., & Ptacek, J. T. (1997). *Baseline pain as a moderator of hypnotic analgesia for burn injury treatment.* Journal of Consulting and Clinical Psychology, 65(1), 60-67. https://doi.org/10.1037/0022-006x.65.1.60

Paulhus, D. L., y Williams, K. M. (2002). *La tríada oscura de la personalidad: Narcisismo, maquiavelismo y psicopatía.* Journal of Research in Personality, 36(6), 556-563. https://doi.org/10.1016/s0092-6566(02)00505-6

Pavlović, T., & Franc, R. (2021). *Antihéroes alimentados por la injusticia: rasgos oscuros de personalidad y privación relativa grupal percibida en la predicción del extremismo violento.* Behavioral Sciences of Terrorism and Political Aggression, 1-26. https://doi.org/10.1080/19434472.2021.1930100

Pitman, R. L., Deecke, V. B., Gabriele, C. M., Srinivasan, M., Black, N., Denkinger, J., Durban, J. W., Mathews, E. A., Matkin, D. R., Neilson, J. L., Schulman-Janiger, A., Shearwater, D., Stap, P., & Ternullo, R. (2016). *Ballenas jorobadas interfiriendo cuando orcas devoradoras de mamíferos atacan a otras especies: ¿Comportamiento de mobbing y altruismo interespecífico?* Marine Mammal Science, 33(1). https://doi.org/https://doi.org/10.1111/mms.12343

Schönegger, P. (2021). *¿Qué pasa con los antinatalistas? Un estudio observacional sobre la relación entre los rasgos de personalidad de la tríada oscura y las opiniones antinatalistas.* Psicología filosófica, 1-29. https://doi.org/10.1080/09515089.2021.1946026

Stewart, D. (2019). *Elementos de filosofía de la mente humana.* Wentworth Press.

Talib Rothengatter, y Enrique Carbonell Vaya. (1997). *Psicología del tráfico y del transporte : teoría y aplicación.* Pergamon.

Tanaka, H., Hayashi, M., & Hori, T. (1997). *Topographical Characteristics and Principal Component Structure of the Hypnagogic EEG (Características topográficas y estructura de componentes principales del electroencefalograma hipnagógico).* Sleep, 20(7), 523-534. https://doi.org/10.1093/sleep/20.7.523

Tracy, N. (2019). *StackPath.* Healthyplace.com. https://www.healthyplace.com/abuse/emotionalpsychological-abuse/gaslighting-definition-techniques-and-being-gaslighted

Estados Unidos. Congreso. Senate. Select Committee To Activities. (2017). *Informe final del Comité Selecto para el Estudio de las Operaciones Gubernamentales, Vol. 1*. Forgotten Books.

Watzlawick, P., y Weakland, J. H. (1980). *The Interactional View*. W W Norton & Company Incorporated.

Williams, J. (2020, 4 de septiembre). *Cómo curarse del abuso emocional*. Health Essentials from Cleveland Clinic. https://health.clevelandclinic.org/how-to-heal-from-emotional-abuse/

YAN, E., & TANG, C. S.-K. (2001). *Prevalence and Psychological Impact of Chinese Elder Abuse (Prevalencia e impacto psicológico del maltrato de ancianos en China)*. Journal of Interpersonal Violence, 16(11), 1158-1174. https://doi.org/10.1177/088626001016011004